다시 태어나도
네 아이 엄마

다시 태어나도
네 아이 엄마

이유정 지음

이담북스

이 책은 아이를 키우는 엄마의 이야기이자, 사랑의 본질을 깨달아가는 한 사람의 이야기입니다. 단지 네 아이의 엄마로 살아가는 고된 육아일기를 넘어, 한 여성의 내면이 깊어지고 단단해지며 빛나게 되는 여정이 담겨 있습니다.

처음엔 청춘을 놓아야 했고, 사랑을 지키기 위해 두려움을 견뎌야 했으며, 때로는 주눅 들고, 때로는 버거운 현실 앞에 무너질 듯했지만, 그 모든 순간을 지나며 저자는 깨닫습니다.

"사랑은 나를 단단하게 만들고, 아이를 바라보는 시선은 결국 나 자신을 사랑하는 법으로 이어진다."

이 책은 그런 고백으로 가득합니다.

우리는 자주 말합니다.

"부모가 되어 봐야 그 마음을 안다."

하지만 이 책은 거기서 한 걸음 더 나아갑니다.

"부모가 되어 상처를 이해하고, 삶을 돌아보며, 결국 사랑으로 나를 치유하는 힘까지도 알게 되었다"고.

네 명의 아이를 품고 키우는 동안 저자는 점점 더 많은 것을 지켜야 했고, 그만큼 더 많은 것을 배워갑니다. 아이들을 통해 자신을 돌아보고, 때로는 잊고 있던 사랑의 방식들을 되새깁니다. 그리고 마침내, 부모의 사랑이란 결국 '나 자신을 사랑하는 마음'에서부터 시작된다는 것을 깊이 깨닫습니다.

무엇보다 이 책은 단지 육아를 권장하는 메시지가 아닙니다. 아이를 많이 낳으라는 말이 아니라, 한 생명을 받아들일 수 있는 사랑의 힘과 그것이 만들어내는 따뜻한 사회에 대한 이야기입니다.

다자녀 가정은 그 자체로 작은 사회입니다.

양보하고, 협력하고, 인내하며, 때로는 자신의 자리를 내어주는 연습이 매일같이 이루어집니다.

바로 그 속에서 사라져가던 공동체적 가치들이 다시 살아납니다.

이 책은, 저출산 시대를 살아가는 우리가 무엇을 잃고 있는지 조용히 일깨워 줍니다.

그리고 그 대안은 통계나 정책 이전에, 따뜻한 마음과 사랑의 회복임을 말해줍니다.

『다시 태어나도 네 아이 엄마』는 출산과 육아를 망설이는 모든 이들에게 따뜻한 위로가 되어줄 것이며, 한 아이의 탄생이 얼마나 값지고 찬란한 기적인지를 다시금 상기시켜 줄 것입니다.

"사랑이 사랑을 낳고, 그 사랑이 또 흘러갈 수 있다는 것을 나는 믿는다."

저자의 마지막 문장은, 오늘도 버티고 있는 수많은 부모에게 그 자체로 가장 아름다운 응원일 것입니다.

세자녀출산지원재단 이사장 김영식

내가 처음 마주한 세상은 소란스럽고 외로웠다. 겉으로는 화려했지만, 말 못 할 침묵이 내면을 덮고 있었다. 삶이 무르익기도 전에 마음 깊은 곳의 그늘을 먼저 알아야 했고, 어린 마음에는 감당하기 어려운 상처들이 고스란히 남았다. 그 어둠 속에서도, 언젠가 나를 향해 다가올 따뜻한 빛을 희미하게나마 기다리고 있었던 것 같다.

그러던 어느 날, 아이를 품었을 때 내 안에 오래도록 잠들어 있던 사랑이 깨어났다. 작은 숨결 하나에 마음이 물들고, 작은 손길 하나에 나는 다시 살아났다. 빛조차 닿지 않던 그늘 속에 숨어 있었기에, 나는 오히려 더 또렷하게 사랑의 빛을 알아볼 수 있었다. 앞이 잘 보이지 않는 날에도 '엄마'라는 이름 덕분에 작은 설렘을 품은 채 하루를 살아갈 수 있었다. 삶에 지쳐 허덕이던 순간에도, 나는 그 안에서 작지만 귀한 감사의 마음을 찾아내며 다시 사랑을 배워갔다. 그리고 조용히 내일을 기대하게 되었다.

그래서였을까. 아이 하나로는 다 알 수 없었기에, 이 귀한 아이들이 네 명이나 내게로 온 건 아닐까. 아이를 키우며 사랑과 존중을 배웠고, 제대로 표현하지 못한 마음이 얼마나 아픈지도 알게 되었다. 시린 마음으로 사랑을 주고받는 법도 조금씩 배우고 있다.

엄마가 되지 않았다면 결코 알 수 없었을 마음들을 이제서야 하나씩 꺼내어 본다.

이 작은 고백이, 사람과 사람 사이에서 진짜 중요한 것이 무엇인지 함께 생각해보는 시간이 되었으면 한다. 작은 사회인 가정에서부터 사랑과 이해, 존중이 자라난다면 우리가 사는 이 나라도 조금 더 아름다워지지 않을까. 오해가 이해로 바뀌고, 나와 내 아이가 함께 살아갈 세상이 사랑으로 채워지기를 진심으로 바란다.

목차

• Part 1 •

엄마가 된 순간

1

내 인생 최고의 남자

'그 남자와 결혼했다면, 내 삶은 어떻게 달라졌을까?'

내게 다가왔던 남자들은 지금의 남편과는 많이 달랐다. 헤어지면서 훗날 결혼은 자기랑 해야 한다고 했던 자기중심적이었던 남자. 이별이란 말에 죽어버리겠다며 달려오는 차에 뛰어들며 화를 감추지 못해 주먹에 피투성이가 되었던 남자가 있었다. 그들과의 미래를 떠올리자 거무스름한 그림자가 드리운다. 그들이 잘못된 사람이라는 게 아니라 한때 좋아했던 사람이지만 나와 가정을 이루었을 때 그려지는 여러 상황이 아름답지 않을 거란 생각이 들었다.

그렇게 내 곁을 스쳐간 많은 남자들 사이에서, 나는 대학생 시절 지금의 남편을 만났다. 사촌 오빠의 친구로 처음 마주했던 그 남자. 남편은 내가 친구의 사촌 동생으로 마냥 귀여운 여동생이었다고 한다. 친한 친구의 사촌 동생인 나를 세심하게 챙겨주었고, 나는 동생이라는 특권을 누리면서 나를 위한 개인 기사가 존재했다. 그런 '특권'이 반복되다 보니, 내게는 특별함으로 다가왔고, 자연스럽게 그를 좋아하게 되었다.

나는 여러 번 고민 끝에, 큰 용기를 내어 고백했다.

하지만 그는 친구의 사촌 동생과는 만날 수 없다며 단호하게 선을 그었고, 그날 이후 나를 일부러 멀리했다. 엎친 데 덮친 격으로 사촌 오빠도 우리 만남을 강하게 반대하며 훼방꾼이 되어 있었다. 반대가 심해질수록 내 마음은 더욱 커졌고 이런 내 마음을 남편은 받아들여 줬다.

그때까지만 해도 그는 내게 그저 '한때 좋은 남자 친구'로 남을 수도 있었다. 하지만 내 마음을 더 단단하게, 그리고 확신하게 만든 일이 생겼다.

해수욕장으로 대학교 MT를 다녀오던 날이었다. 선배들과 단체 사진을 찍었는데, 사진을 찍고 난 후 누군가가 나를 바닷물에 빠트렸다. 옷은 준비되어 있었지만, 신발을 신은 채로 물에 빠져서 무척이나 찝찝했다. 집으로 돌아오는 길에 남자 친구였던 오빠에게 전화를 했다.

"오빠, 집에 가서 신발을 바꿔 신고 나와야 할 것 같아."

"알겠어. 기다릴 테니 집에 잘 다녀와."

버스는 학교 앞 정류장에 멈췄고, 버스에서 내리던 나는 내 앞에서 있는 남편과 마주쳤다. 그때 남편 손에 들려 있던 쇼핑백 하나. 쇼핑백 속에는 급하게 산 것 같은 삼선 슬리퍼도 아니었고, 하늘색 파스텔 톤의 운동화가 들어 있었다.

물에 젖은 내 운동화를 가방에 넣어주고, 새 신발을 꺼내어 주던 오빠를 보면서 다시 한번 특별한 마음이 느껴졌다. 꽃이나 향수를 선물 받았을 때와는 다른 느낌이었다. 내 남자가 될 느낌이었을까. 내가 생각하지 못했던 부분까지도 앞서 준비해 준 남자에게서 안정감을 느꼈다. 매일같이 전쟁 같은 상황에 버려지고, 엄마의 부재와 함께 예측 불가한 순간을 살았던 내 삶에서는 느끼지 못한 색다른 안정감이었다. 물에 젖어 찍찍 소리와 함께 냄새나는 오래된 신발을 벗으며 생각했다.

'이 남자 나보다 나를 더 잘 아는 것 같다. 나를 잘 알아주는 이 남자라면 내 인생 지금보다 낫지 않을까?'

어쩌면 그때 나에게 보여줬던 행동은 나보다 5살이나 많은 사람이었기에 여자를 다루기 위한 끼 부리는 남자의 모습이었을 수도 있다. 하지만 난 나의 필요를 먼저 알고 채워준 남편에게 처음으로 안정감을 느꼈다.

나는 어떠한 사랑 고백보다 삶을 채우는 안정감을 원했던 것 같

다. 내가 처음으로 느낀 감정에 사랑이 더해지면서 온전한 안정감
을 줄 수 있는 사랑에 물들어 가고 있었다.

2

스물셋, 빛나는 선택

스물셋 내 인생의 봄날.

졸업 후 첫 직장에 다닌 지 6개월째 되던 9월, 나는 임신 사실을 알게 되었다. 이제 막 사회생활에 적응하고, 조금은 경제적인 여유도 느껴지기 시작했을 무렵이었다. 아직 나의 열정을 다 꺼내보지도 못한 채, '임신'이라는 큰 파도를 마주하게 됐다.

처음 겪는 낯선 현실 앞에서 수많은 감정이 밀려왔지만, 그 어떤 말도 쉽게 꺼낼 수 없었다. 단지 스스로에게 질문하며 생각했다. 나의 찬란한 20대, 그 청춘을 살아갈 것인가? 아니면 아직 준비되지 않은 엄마의 길을 택할 것인가? 청춘을 선택했을 때는 어떤 인생을 살 수 있을까? 그 인생 안에 내 꿈인 유치원 선생님도 함께 존재할 수 있을까?

내가 떠올린 청춘 속에는 선생님이 있었지만, 내가 꿈꾸던 이상적인 선생님은 없었다. 하나의 생명을 뒤로하고 아무 일도 없었던 것처럼 다른 아이들을 키워내며 웃고 있을 자신이 없었다.

조금 빨리 엄마가 되는 것을 선택하게 되는 것도 자신이 없었지만 내게 온 아이를 그냥 이대로 보낼 수는 없었다. 나는 결국 엄마가 되기로 했다. 하나의 생명을 온전히 존중하겠다는 마음 하나로, 두려움 가득한 엄마의 길을 선택했다. 가본 적 없는 길이었지만, 해내고 싶었다. 무엇보다, 이 아이를 지키고 싶었다.

이때 남편은 대학 졸업을 앞둔 학생이었다. 돈도 없고, 직업도 없고, 아무것도 없었다. 아이를 지키기 위해서는 무엇을 먼저 해야 할까. 내 배 속에 생명이 자라고 있다는 것을 알고 난 후부터는 내가 아닌 아이를 생각하게 되었다. 아이를 낳기 위해서는 결혼이 먼저였다. 결혼에 관한 이야기를 부모님께 어떻게 말해야 할지에 대해 고민했지만, 생각이 많은 나에게는 언제 말하느냐가 더욱 중요했다.

10월에는 명절이 있어서 미뤘고, 11월에는 남편의 국가고시 시험이 있어 미뤘다. 행사가 많은 12월과 새해 첫 주를 지나 1월 중순인 어느 날이 되어서야 아빠에게 전화를 했다. 부모님은 직감하셨던 걸까? 아빠의 나지막했던 목소리가 떠오른다. 그날 남편과 함께 들어서는 친정은 매일같이 오가던 길이었지만 문턱이 높게만 느껴졌다.

"아버님. 어머님. 저 시험에 합격했습니다."
"잘했네. 잘했어. 축하해."
합격 소식을 축하해 주며 기쁨에 젖어있던 아빠와 다르게 우린 그다음 몰아닥칠 폭풍을 예상하며 앉아 있었다.
"편하게 앉지. 왜 그러고 있어?"
마음을 읽어주는 아빠의 한마디에 남편이 말하기 시작했다.
"아버님, 드릴 말씀이 있습니다. 이 사람… 아이를 가졌습니다. 갑작스러운 말씀 드려 죄송합니다. 평생 아껴주고 사랑하며 살겠습니다. 결혼을 허락해 주십시오."

힘들게 이어갔던 남편 말이 끝나고, 나를 넌지시 바라보는 아빠와 눈이 마주쳤다. 아빠가 어떤 마음으로 우리를 보고 계셨을지 헤아릴 수 없던 나는 다시 눈을 감을 수밖에 없었다. 아빠도 엄마도 말을 이어가지 못했다. 엄마는 거실에서 일어나 방으로 들어갔고, 방문 사이로 엄마의 혼잣말만 들렸다.
"시집? 벌써 시집을 간다고?"
엄마는 어깨를 들썩이며 울었다. 난 그날 나를 위해 울고 있는 엄마의 눈물을 처음 보았다.

내 시선이 엄마에게 머물고 있는 사이 아빠는 나와 남편 손을 잡아주셨다.

"출근하는 뒷모습 볼 때마다 힘들어 보여서 무슨 일이 있나 했는데, 홀몸이 아니어서 그랬구나. 얼마나 힘들었어?"라고 하시며 안아주셨다.

난 너무도 죄송한 마음에 제대로 안기지도 못하고 가만히 있을 수밖에 없었다. 아빠는 방에서 울고 있던 엄마를 불렀다.

"당신도 그만 울고 나와요. 애들 축복기도 해주게."

아빠의 기도 소리가 지금도 귓가에 맴돈다.

"이제는 부모가 되어, 한 가정을 이루는 아이를 축복합니다."

아무리 신실한 목사님이라도 내 아이의 혼전 임신 앞에서 어떠한 흔들림 없이 축복해 줄 수 있는 사람이 몇이나 될까. 아빠는 전심으로 우리를 위해 기도해 주셨다. 차라리 따끔하게 혼나는 게 더 나았을지도 모르겠다고 생각했다. 그만큼 아빠의 기도는 마음 깊이 파고들었다.

그럼에도 내가 가장 자랑스러웠던 순간은, 스물셋의 내가 엄마가 되기로 마음먹었던 9월의 어느 날, 떨리는 목소리로 "함께하겠다"고 말해주던 남편을 마주한 그때였다.

난 가끔씩 그날의 나에게 찾아가 다시 한번 정말 잘했다고 칭찬
해 주며 안아주고 싶다. 어쩌면 혼자서 다 누리지 못한 젊은 날이
그리울지도 모르지만, 모든 것이 처음이라 더 막막했던 그 시절의
내가 누구보다 가장 용기 있게, 눈부신 선택을 했다고 말하고 싶다.

두렵고 떨리던 그날의 결심이 내 인생을 얼마나 아름답게 밝혔
는지, 그때의 나에게 진심으로 고맙다고 전하고 싶다.

3

나도 엄마가 되었다

햇볕의 따가움이 느껴지던 8월의 어느 날, 배가 아파오기 시작했다.

'이게 진통인가?' 진통인지 아닌지 알고 싶은 마음에 보건소 산모교실에서 배웠던 대로 시간을 쟀다. 갑자기 내 배가 거북이 등껍질처럼 딱딱하게 느껴졌다. 가진통과 진진통을 구별하는 방법은 아주 쉬웠다.

배가 아픔에도 불구하고 엄마가 해주는 분홍 소시지가 먹고 싶었다. 처음 느껴보는 아픔인데, 말로 표현할 수 없는 아픔과 함께 출산 전에 하고 싶은 일들이 떠올랐다. 이런 생각들을 하는 것을 보니 아직은 가진통이란 확신이 들었다.

'윽' 배가 딱딱해지면 숨을 쉬기 힘들 정도의 압박감이 느껴지면서 몸을 어떻게 해야 할지 감당이 되지 않았다. 집에 있어도 되는 건지 걱정도 되고, 친정 부모님이 보고 싶었다.

새벽 5시가 되자 남편과 함께 부모님이 계신 교회로 향했다. 20분 간격의 진통을 느끼면서도 예배를 드렸다. 예배 후에 먹을 분홍 소시지도 가방에 챙겨왔지만 소시지까지 먹고 나면 길에서 아이를 낳을 수도 있을 것 같단 생각이 들어 곧장 병원으로 달려갔다.

6시 30분 즈음 병원에 도착했다. 병원에서 만난 간호사에게 초산이라고 이야기하니 아무래도 한참은 있어야 할 것 같다며 침대에 누워 쉬고 있으라 했다.

'쉬라고? 이 상태로 쉬라고? 그게 가능할까? 금방이라도 뭔가 나올 것 같은데.'

내 배 안에서 전쟁이 일어나는 것 같았다. 분명 아이는 한 명일 텐데, 왼쪽에서 툭. 오른쪽에서 툭. 그러다가 숨이 멎을 것 같은 거북이 변신술까지 더해졌다.

"으악! 아파요. 저 너무 아픈데? 진짜 아파요."

이런 아픔도 처음이라 어색했고, 계속해서 불리는 '엄마'라는 말도 낯설었다.

"엄마, 아직 나오려면 좀 있어야 돼요. 진정해요."

내가 아무리 소리를 질러봤지만, 간호사는 꿈쩍도 하지 않았다. 어떤 곳에든 힘을 줘야 할 것 같았다. 아이 낳는 장면에 왜 남편의 머리카락을 쥐어 잡는지 알 것 같은 순간이 다가왔다.

양손으로 내 머리카락을 움켜쥐었다.

"으아아악! 으악!" 우아한 출산은 나오는 거리가 먼 이야기가 되었다.

"저기요! 선생님~ 에어컨 좀 켜주세요."

진통을 하다 멈추고 간호사에게 소리쳤다. 대기실이 시원해지고 나서야 좀 더 힘을 낼 수 있는 에너지가 생긴 것 같았다.

배는 거북이가 된 지 오래고, 화장실에 가고 싶단 생각이 들었다.

"선생님, 저 화장실 가고 싶어요. 정말 뭔가 나올 것 같아요. 화장실 갈래요."

"엄마, 화장실 가고 싶은 느낌은 들겠지만, 아직은 아니에요. 좀 더 참으세요."

"정말 마렵다니까요. 나 좀 보내줘요."

"아, 엄마! 아직 아니…… 어머, 어떻게 해? 머리 보이잖아. 엄마, 빨리 일어나요. 힘주지 말고, 절대 힘주면 안 돼요. 아직 아니야. 힘주지 마요. 힘 빼요. 숨 쉬고."

화장실에 가고 싶다고 애원하던 그 순간 나는 내 발로 직접 걸어서 분만 침대에 올랐다.

"엄마, 아기가 태변을 먹은 것 같아요. 위험할 수 있어. 한 번에 갑시다. 자, 자, 힘줘요.

숨 들이마시고, 내쉬고, 한 번 더! 오~오! 다시, 다시! 힘 빼지 말고, 힘 더! 더! 더 줘요."

"으악~! 엄……마." 죽을 것 같았던 그 순간 엄마를 찾았다.

"엄. 마."

마지막으로 엄마를 외치며, 힘을 다했을 때 "응애, 응애." 소리가 들렸다.

2007년 8월 6일 오전 7시 37분.

이제 나도 엄마다.

4

보통의 삶을 향한 기다림

인생의 가장 큰 관문인 결혼까지 했으니, 이제 불행은 내 삶과는 무관할 거라 생각했다. 가슴 떨리게 행복한 일까지는 아니어도 보통의 삶은 살 수 있을 것 같았다.

출산을 한 달 앞둔 어느 날, 남편의 발령 소식을 들었다. 이제 겨우 시부모님과 눈 맞추는 게 어색하지 않은데…… 발령이라니, 나보고 어쩌라는 거야. 우리의 첫 보금자리는 30평 아파트 한쪽 귀퉁이의 남편 방이었다. 이것은 한마디로 시댁살이다.

커다란 이불 가방에 그 계절에 입을 옷 몇 가지를 챙겨와 나의 신혼 생활이 시작되었고, 몇 달 지나지 않아 엄마가 되었다. 준비 없이 시작했기에 '시댁살이쯤이야, 문제없지' 하고 넘겼다. 아무리 무서운 시댁이라 한들 나를 사랑하는 남편이 함께 있을 건데……

무엇이 무섭겠는가?

무섭진 않았다. 다만 조금 불편했을 뿐이다. 시부모님이 주무시는 안방과 우리 신혼 방 사이에 화장실이 있었고, 임신 막달에는 돌아서면 화장실에 가고 싶고, 누군가 화장실에 들어가면 괜히 불안했다. 변기에 앉았을 때 고요한 적막을 깨는 물소리는 내 몸에서 나는 소리가 아니라는 것을 알리고 싶어 수도꼭지를 빠르게 돌렸다.

아들만 있는 집이었지만 청소용 테이프를 즐겨 사용하셨던 어머님은 시도 때도 없이 빠지는 나의 긴 머리카락을 보며 탈모를 걱정하셨다. 걱정하실 어머님을 위해 집 안에서는 머리를 풀어헤치지 않았다. 고무줄은 항상 내 머리를 잘 잡고 있었고, 미처 잡히지 못한 머리카락은 내 손에 잡혀 흔적 없이 쓰레기통에 버려졌다.

시댁살이에 조금씩 내 몸이 적응해 갈 때쯤엔 다음 도전과제가 기다리고 있었다. 남편의 발령은 이제 막 엄마가 된 기쁨을 누리고 있는 나에게는 너무나 크게 다가왔다. '친정으로 돌아갈까?' 한동안 망설였다. 어떤 사회적 기준이 나를 둘러싸고 있었는지, 나는 친정으로 돌아갈 수는 없었다. K장녀로 자라왔기에 세상의 시선도 누구보다 중요했다.

"결혼하고, 애까지 낳았다는데…… 남편도 없나 봐. 친정집에 와서 혼자 산대."

시댁살이 하는 며느리는 되더라도 소박맞은 딸이 되고 싶지는 않았다.

'조금 불편하면 어때. 내가 잘하면 되지! 내가 잘하자. 할 수 있어.'

하루에도 몇 번씩 마음속으로 외쳤다.

친정집은 주택이라 추운데, 아파트에서 지내면 따뜻하게 살 수 있으니 좋지. 분가해서 살았으면 서먹서먹했을 텐데, 같이 살면서 자주 보면 더 좋을 거야.

주말부부는 3대가 덕을 쌓아야만 할 수 있다는데, 나는 이렇게 빨리하니 얼마나 좋아. 매도 빨리 맞는 게 낫다고. 좀 지나고 나면 다시 함께 살 수 있겠지.

아이 돌잔치 하고 나면, 아빠랑 매일 같이 잘 수 있을 거야. 아이가 쫑알쫑알 말할 때쯤이면 그때는 함께할 수 있겠지. 아빠랑 아이랑 손 꼭 잡고 아침마다 어린이집 갈 날이 곧 오겠지.

하지만 남편은, 큰아이가 7살이 될 때까지 집으로 돌아올 수 없었다.

나는 그저 혼자만의 행복한 상상을 하며 우리가 함께 살게 될 날을 하염없이 기다려야민 했나.

5

청소 전쟁 대신 워킹맘

남편은 1주일에 한 번, 혹은 2주일에 한 번씩 만날 수 있었다. 나 홀로 아이를 키우며 그 시간을 기다린다는 것은 한여름에 눈을 기다리는 것만큼 무모했고, 아무리 긍정적인 생각의 힘을 믿는다 해도 힘들었다. 남편을 따라 발령 난 곳으로 가볼까 하는 생각도 했었지만 불가능했다. 관사의 규정은 가족을 허락하지 않았고, 우리는 두 도시의 하늘을 번갈아 바라보며 신혼을 이어갔다.

결국 우리는 현실적인 선택을 했고, 남편은 낯선 도시에서 홀로 아침을 맞이하게 되었다.

넉넉하진 않았지만, 그때 우리가 가진 건 매일 아침 서로의 안부를 물으며 서로를 품어주는 마음이었다.

나는 낯설게 느껴지는 따뜻한 시댁 방 한편에서 아이의 뒤척임

소리에 잠에서 깼다. 밤새 젖은 기저귀를 갈아주고, 아이를 품에 안아 우유를 먹이고 나면 그때부터 나의 하루는 시작되었다. 아침 일찍 출근하시는 시부모님께 인사를 드렸다.

"엄마 다녀올게. 애기 잘 보고, 청소만 해놔라."

"네~ 어머니."

짧은 인사를 건네고 나면, 시댁에는 아이와 나 두 사람뿐이었다.

'이제 무엇을 하면 될까?' 대학 시절 배웠던 유아교육이 빛을 봐야 할 시점임에도 불구하고 탄성을 자아내는 드라마틱한 시간도 없었다.

아이와 눈 맞추며 이야기하고, 노래 불러주고, 마사지 해주듯 쓰다듬고 한참을 놀아주고 나면, 본래 기질이 순한 아이였던 첫째 아이는 소리 없이 잠들곤 했다. 잠든 아이를 뒤로하고, 젖병을 세척하고, 옷 몇 가지를 세탁하고 나면 아이를 위해 내가 할 수 있는 일들은 다 끝난 것처럼 느껴졌다.

이제 남은 일이라곤 어머님이 말씀하셨던 청소뿐이었다. 시어머니가 가장 중요하게 여기시는 것은 집 청소였다. 나는 청소에 대해 큰 의미를 부여한 적도 없고, 가끔씩 더러워지면 하는 게 청소였기에 매일 청소를 해야 한다는 게 부담이었다. 부담을 갖고 있는 일은 제대로 해내는 것도 정말 어렵다는 것을 이때 느꼈던 것 같다. 걸레 하나를 손에 움켜쥐고 시부모님 방부터 닦았다. 작은 방 두

개와 거실을 닦고 나면 머리카락 두세 가닥과 먼지 조금이 눈에 보였다. 내가 청소를 깨끗하게 했기 때문에 걸레에 이것만 묻어난 것이 아니라, 어떤 순간에도 눈에 보이는 즉시 말끔하게 청소하신 시어머니 덕분에 내 걸레엔 머리카락 두세 가닥이 전부였던 것이다.

"애기 잘 보고, 청소만 해놔라."
하루 24시간 중에서 내가 완벽하게 해내야 할 일은 이 두 가지일뿐이었다. 아이는 온종일 내 품에 안겨만 있었던 게 아니라 잠도 자고, 혼자만의 놀이 시간도 즐겼다. 아이와 함께하는 시간은 어렵지 않았다. 다만, 청소와의 대면은 늘 힘들었다. 내가 아무리 청소를 잘해 놓는다 하더라도 고무줄이 놓쳐버린 내 머리카락은 삼자대면하듯 시어머니와 마주한 자리에서 어김없이 나타났다. 분명 내 눈에는 보이지 않았던 것이 짜잔! 하고, 시어머니 손에 들려 나타나곤 했다. 머리카락 한 가닥으로 시작한 청소 전쟁은 주말부부라는 현실적인 고충보다 더 크게 다가왔다. 시집살이 참견하는 시누이처럼 매번 등장하는 머리카락 덕분에 더 이상 청소 전쟁을 이어갈 수 있는 전투력이 점점 소멸당하는 느낌이었다.
머리카락을 볼 때마다 나는 청소를 제대로 해내지 못했다는 생각이 들어서 자꾸만 작아졌다.

그러던 어느 날, 전화 한 통을 받았다.

"안녕하세요? ○○○어린이집이에요. 선생님, 지금도 구직 활동 중이신가요?"

"네? 아닌데요. 출산한 지 얼마 안 되어 구직 활동 안 하고 있어요."

"그러세요. 실례지만 아이가 몇 개월인가요?"

"6개월이에요." 어차피 나와는 상관없는 취업 관련 전화라 생각했기에 무심하게 대답하고 전화를 끊으려던 순간에 한 톤 높아진 목소리가 들렸다.

"어머, 우리 어린이집에서 영아반 선생님 모집하고 있는데……아이랑 같이 와도 되거든요."

"네? 아이랑 같이 와도 된다고요?" 나 역시 한 톤 높아진 목소리로 되물었다.

"그럼요. 시간 될 때 면접 보러 한번 나오세요."

전화를 끊고 난 후 잠시 고민했다.

'아이가 6개월인데, 내가 일을 할 수 있을까?'

'내 아이를 돌보면서 다른 아이도 돌볼 수 있다고? 그게 가능하다고?'

내가 그토록 원했던 선생님을 단 1년만 해봤던 터라 다시 한번 도전해 보고 싶단 생각도 들었다.

어차피 내 아이, 다른 아이 할 것 없이 잘 돌보면 되는 거 아닐까 싶기도 했지만, 영아전담 어린이집이라는 사실에 덜컥 겁이 나기도 했다.

이런 마음도 잠시뿐, 내 마음은 점점 일을 시작하는 쪽으로 기울어졌다. 사실 나에게 결정적인 계기가 되었던 건 그날 밤 마주한 머리카락 덕분이었다.

"내가 너 꼴 보기 싫어서라도 나간다. 항복! 나 이제 청소 안 해."

6

아이와 함께 출근하는 엄마

나의 전투력이 소멸되었을 때 다시금 나를 일으켜 세운 것은 아파트 1층에 있는 가정어린이집이었다. 그곳에 아이와 함께 출근을 했다. 아침에는 아이와 함께 어린이집 차량을 타고 등원 지도를 하며 하루를 시작했다.

어린이집 문을 들어서는 순간에 아이는 내 아이가 아닌 원생이 되었다. 내 아이만 안으며 엄마가 되었던 나는 이제 우리 아이뿐만이 아니라, 다른 아이도 안아야 하는 선생님이 되었다. "응애~ 응애." 누워만 있던 순한 우리 아이의 울음소리가 들렸다.

아이 곁에서 놀던 다른 아이가 볼을 잡아당긴 모양이었다. 내 아이는 붉어진 얼굴로 누워 엄마랑 눈 맞춤만 되어도 다시금 미소를 찾았다. 짧은 순간에 아이 얼굴을 확인하고, 다른 아이에게 말을 건넸다.

"민정아, 아가 얼굴 만지면 아프대. 아가 얼굴 말고, 촉감 책 만지면서 놀까?"

내 아이를 안아주는 대신 내 아이 얼굴에 상처를 낸 아이를 안아야 했다.

엄마와 선생님을 동시에 해야 한다는 것은 생각보다 어려운 일이었다. 내 아이지만, 온전히 내 아이일 수 없고, 엄마이긴 하지만, 한 아이의 엄마일 수도 없었다. 어린이집에서의 하루는 좀 더 빠르게 순식간에 지나가 버리는 하루였다. 같은 말이어도 수차례 반복했고, 눈 맞추며 이야기하는 것 역시 수백 번은 더 했다.

학문으로 배웠던 유아교육이 엄마가 되고 난 후, 더 섬세하게 나타나는 순간이었다. 나에게 맡겨진 아이들에 대한 사명은 감춰져 있던 모성애를 이끌어내는 시간이기도 했다.

난 '엄마'가 어떤 역할을 해야 하는지보다 '선생님'이 어떻게 해야 하는지에 대해서 더 자세히 배웠던 사람이기에 엄마인 나보다 선생님인 내가 더 따뜻하게 느껴졌다.

오후 6시가 되면 그때야 아이를 품에 안고, 퇴근길에 나섰다.

"우리 아가 오늘도 고생했어. 한 번쯤은 울어도 괜찮은데…… 왜 울지 않는 거야? 엄마가 얼마나 안고 싶었는데…… 아가야, 사랑해. 엄마랑 같이 있어 줘서 고마워."

'원래 엄마는 이런 걸까?' 내 마음을 조금씩 표현하기 시작했다. 워킹맘이 되어 힘든 순간들을 지내면서 모성애가 더 깊어지는 것 같았다. 집으로 돌아와 아이를 눕힌 후에는 아이를 위한 이유식을 만들었다. 시어머니와 함께 살았기 때문에 다른 음식은 어머님이 만들어주셨다. 이유식 재료를 손질하고, 육수를 내고, 쉼 없이 저어가며 이유식을 완성했다. 집에만 있을 땐 청소를 잘해야 한다는 마음으로 온통 청소 생각뿐이었는데, 일을 시작하고 나니 아이에게 소홀했던 시간에 대한 보상처럼 이유식이라도 내 손으로 직접 만들어줘야 할 것 같았다.

워킹맘이 되었으니 그 핑계로 이유식을 사 먹였어도 될 텐데, 잠도 많았던 나는 꾸벅꾸벅 졸면서도 이유식을 만들었다. 매일 피곤하고, 힘들어 지쳐야만 좋은 엄마가 되는 것처럼 나를 더 몰아세우기도 했다.

엄마와 선생님 사이에서 고민하던 순간들도 있었지만, 선생님이 되면서 아이에 대한 마음이 점점 더 커져 갔다. 내가 글로 배웠던 유치원 선생님은 현장에서 직접 경험하는 시간들로 차곡차곡 쌓여가며 좋은 엄마가 될 수 있는 출발점이 되어 주었다.

엄마로만 살았다면 알지 못했을 어른으로서의 역할은 내가 만나는 작고 사랑스러운 아이들을 통해 배울 수 있었다. 우리 아이가 성장할 때, 나 역시 우리 아이와 함께 자랄 수 있었다.

7

신종플루도 이겨낸 첫째

생후 6개월부터 어린이집에 다니기 시작한 첫째 아들은 생각보다 잘 적응해 주었다. 엄마가 선생님으로 지내는 동안 아이는 다른 선생님들이 엄마 역할을 대신해 주셨다. 나는 그저 나와 아이가 함께 어린이집에 다닐 수 있다는 사실만으로도 기뻤고, 그게 가장 큰 장점이었다.

아이는 기질적으로 순한 아이에 속해서 누구에게든 잘 웃으며, 낯가림 없이 잘 자라주었다. 아이는 한 달에 한 번 정도는 친정 엄마와 함께 시간을 보냈다. 아이도 내가 서툴다는 것을 알았던 건지 나보다 친정 엄마를 잘 따랐다. 친정 엄마 역시 가끔씩 아이를 봐주시는 것에 대해 흔쾌히 받아들이셔서 문제 될 것이 없었다. 출근 전, 아이를 업고 소아과 진료를 받아가며 출근하는 일도 자주 있었지만, 아이와 나는 빠르게 적응하여 어린이집 생활에 점점 익숙해지고 있었다.

철마다 유행하는 전염병에 한 번씩은 노출되기도 했다. 그래서인지 아이를 데리고, 일하고 있음에도 나는 죄인이 되어야만 했다.

첫째 아이가 세 살 때, 신종플루가 유행했다. 신종플루는 그 당시 새롭게 생긴 병이고, 병에 대한 지식이 없었기에 모두가 공포에 떨던 시절이었다. 어린이집에도 신종플루가 돌기 시작했지만, 모두 쉬쉬하는 분위기였다. 지금 생각해 보면 타미플루 약만 먹으면 낫는 병이었는데…… 다들 무지했다. 난 둘째를 임신한 상태였기에 긴장의 연속이었다. 고열로 아파했던 아이들이 하나둘씩 생겨나고, 어린이집 아이들 절반 이상이 고열로 시달리며 지나갈 때쯤, 나도 역시 아프기 시작했다. 아침에 눈을 뜨자마자 느껴지는 목의 통증은, 살아오면서 처음으로 겪는 것이었다. 마치 생선 가시 수십 개가 목에 걸린 것처럼 어느 한쪽으로든 숨을 쉴 수가 없는 것 같았다.

'설마……' 설마 하는 두려움과 함께 체온을 쟀다. 38.7이라는 체온계의 숫자를 확인하는 순간 신종플루라는 것을 확신했다.

집 근처 이비인후과를 찾았고, 의사 선생님은 간이키트를 사용해 검사를 하셨다. 진단키트를 보며 의사 선생님은 한동안 말씀을 못 하셨다.

'올 것이 왔구나!'

"안타까운 말씀이지만, 양성이어서 신종플루가 맞는 것 같습니다. 병원에서 약 처방을 할 수는 있으나 임산부시니 큰 병원에서 정확한 검사를 하고 처방받는 게 좋을 것 같습니다."

임산부여서 큰 병원을 가보라는 그 말이 나를 더욱 가슴 떨리게 만들었던 것 같다.

난 배 속의 아이도 걱정해야 했고, 신종플루 감염 대기 중인 큰 아이 걱정도 해야 했다. 어쨌든 이것에 대한 대비를 하고자 남편에게 서둘러 집으로 돌아올 것을 요청했다.

큰아이는 친정으로 보냈고, 나는 매일 아침저녁으로 전례 없는 타미플루 약을 복용해야 했다.

내가 사용한 숟가락, 젓가락, 밥그릇 하나까지도 열탕 소독을 했고, 혼자 방 안에서 5일을 꼬박 지내야 했다. 그 후로도 어린이집에서는 계속해서 신종플루에 걸린 아이들이 나왔다.

어린이집 원생 전부 신종플루에 걸렸음에도 불구하고 큰아들은 건강했다. 모든 아이들이 신종플루에 걸리는 와중에도, 우리 아이는 유일하게 감염되지 않았다.

어쩌면 내가 사남매를 낳고 키우면서도 일을 계속할 수 있었던 건 신종플루도 이겨내는 첫째의 건강함 덕분이라 해도 과언이 아닐 것 같다. 물론 잔병치레는 있었지만, 아이를 키우면서 이 정도 마음고생은 감수해야 하지 않을까? 어쨌든 난 이때를 시작으로 임신과 출산을 4번 반복하는 동안 2번의 육아휴직 기간을 제외하고, 쉼 없이 일하는 워킹맘이 되었다.

그때 큰아이 어린이집 생활이 원만하지 않았다면, 나 역시 13년 이상의 경력을 가진 선생님이 될 수 없었을 거란 생각이 든다.

"이까짓 일쯤, 아무것도 아니지."

아이들이 씩씩하게 이겨내 준 덕분에, 나는 오늘도 이렇게 버티고 서 있다.

8

과학을 초월한 둘째

시부모님과 함께 살면서 주말부부를 하는 우리였기에 둘째 역시 쉽지 않았다. 연년생으로 낳아서 키우고 싶었던 터라 매일같이 둘째 아이를 기다리는 마음만 커질 뿐, 어떤 변화도 없었다. 아무리 주말부부라지만 임신이 되지 않는다는 게 걱정스러웠다. 남편이 오는 주말에 맞춰 배란 시기를 확인하곤 했다. 사실 계산해도 의미가 없는 게 타이밍이 잘 맞아야 하는 거라서 어려웠다. 남편은 2주에 한 번씩 집에 오는 경우도 종종 있었다. 나는 매달 실패를 맛보아야 했다.

어느 날 나는 남편의 손을 두 손으로 꼭 잡으며 간절한 눈빛을 보내며 말했다.

"나 올해는 꼭 둘째 낳고 싶어. 이번 달에는 우리 병원 가보자."

마음을 내려놓고, 일정이 지나면 남편과 병원에 가자고 약속했다. 그런데 막상 그 시기가 지나자, 이유 모를 울렁거림이 찾아왔다.

'왜 이렇게 속이 불편하지? 이상하네.'

소화력 하나 끝내주는 내게 소화가 안 되는 증상과 더불어서 김치 냄새조차 싫어진 것은, 내 안에서 무슨 일이 일어나고 있는 것 같은 신호로 느껴졌다.

'설마, 나 지금 마법이라도 걸린 건가? 얼마나 됐다고… 말도 안 돼. 그럼 혹시 아픈 건가?'

이상하단 생각을 하면서도 혹시나 하는 생각이 나를 둘러싸고 있었다. 첫째 때도 입덧 없이 그냥 지나갔던 터라 이런 증상들이 낯설게 느껴졌다.

'뭐지? 이게 입덧이라는 건가? 아니면 위염 증상? 이런 것들인가?'

병원에 가서 불임 상담을 하기 전에 내가 느끼고 있는 증상에 대해 말하면 될 것 같아 남편과 함께 산부인과로 갔다.

"제가 얼마 전에 주기도 끝났거든요. 그런데, 며칠 동안 이상하게 속이 울렁거리기도 하고, 아랫배가 가끔씩 아파서요. 자궁에 문제가 있는 건가 싶어서요."

"일단 한번 초음파로 볼까요? 자궁도 살펴봐야 하니 겸사겸사 보면 좋을 것 같습니다."

의사는 초음파를 보면서 마우스 키를 누르며, 화면을 자세히 들여다보고 있었다.

"어? 가만있어 보자. 여기. 여기. 어?"

'혹이라도 있는 건가? 왜 말을 안 하는 거야. 역시 자궁에 뭔가 문제가 있긴 있었구나. 임신이 어려웠던 이유가 있었네……'

이렇다 할 설명 없이 초음파만 사방으로 살펴보는 의사 선생님 덕분에 난 혼자 소설을 쓰기 시작했다.

"축하드립니다. 임신이에요. 아직 극초기인데, 증상을 느끼셨네요."

"네? 임신이라고요? 아닌데…… 그럴 일이 없어요. 저 이번 달에도 그날 다 지나갔어요. 얼마 안 됐거든요."

임신을 기다린 건 사실이지만, 하늘을 봐야 별을 딴다는 말이 있지 않은가?

"종종 이런 경우가 있긴 합니다. 과학적으로 증명하긴 어려운데…… 어쨌든 임신 맞아요."

'자궁에 문제가 있는지 알아보려 했던 건데, 임신이라고?'

"정말 임신이에요? 이대로 아이가 잘 자라는 건가요?"

불임에 대한 이야기를 나누러 갔던 병원에서 산모수첩을 받아 들고는 믿기지 않아 계속 물어봤다. 산모수첩에 적힌 예정일을 보면서 남편과 손가락 접어가며 계산기 두드리듯 날짜를 세어봤다. 몇 번을 다시 세어도 임신 가능성이 없었다. 불임이란 생각에 진료를 받으려 했고, 진료 과정이 힘들다면 한 아이만 잘 키워야 하나 했는데…….

'정말 나, 임신한 걸까?'

임신 사실을 양가 부모님께 말씀드리자 진심으로 기뻐해 주셨다.
"임신 이야기가 없길래, 첫째만 낳고 안 낳는 줄 알고 걱정했는데…… 고맙다. 고마워!"
"임신 축하한다. 잘했다. 잘했어. 아이 둘은 있어야지."
부모님들 모두 말씀은 안 하셨지만 그동안 걱정이 많으셨던 모양이다.

과학에 맞서며 잉태하게 된 둘째 아이는 내 배 속에서 10달을 지내면서도 과학으로는 설명할 수 없는 순간들이 계속 이어졌다. 확률 50:50의 기형아 출산에서도 과학을 이겨냈고, 신종플루 후유증 또한 무던하게 이겨냈다. 둘째 아이를 출산할 때는 아이의 손가락, 발가락, 머리카락 수까지도 세어보려 하며, 아이에게 내가 앓았던 질병이 해를 끼쳤을까 전전긍긍했다. 다행히 아이는 머리끝부터 발끝까지 모두 건강하게 태어났다. 마음 깊은 기도가 닿은 그 순간, 간절함이 소중한 생명이 되어 내게 선물처럼 안겨졌다.
그렇게 나는 두 아이의 엄마가 되었다.

9

죽을 때까지 일해야 키우는 셋째

둘째를 출산한 지 얼마 되지 않아 우리는 21평 아파트로 분가를 했다. 오롯이 남편의 방 한 칸을 집이라 여겼던 우리에게 대궐 같은 공간이 주어진 것이다. 우리 집이 있다는 건 즐겁고, 행복한 일이었다. 반면에 주말부부인 우리에게는 평일엔 두 아이와 나 이렇게 셋이서만 생활해야 한다는 것을 깨닫게 되는 순간이기도 했다. 첫째 아이는 5살이 되면서부터 문단속을 하기 시작했다.

"엄마, 여기, 여기. 눌러요. 꾹 눌러." 현관문 단속을 하고 나면, 양쪽 베란다 문을 잠근다고 유리문 옆에 기대어 잠금 열쇠를 돌리는 시늉을 했다. 그 모습을 본 둘째는 손에 닿지도 않는 문을 양손으로 두드렸다. 어린아이였지만 큰아이의 행동에서 든든함을 느낄 수 있었다.

든든한 큰아들과 장난기 가득한 둘째 아들은 내 삶의 활력소가 되어 주며 성장했다.

"엄마~ 내가 어깨 주물러줄게."

"아냐, 아냐. 내가."

아이들은 크면 클수록 사랑스러웠다. 거기에 하나 더 덧붙여 키워보지 못한 딸에 대한 로망도 함께 커져만 갔다. 샤랄라한 공주 원피스에 반짝이 구두를 신겨줄 수 있는 아이. 세상에 둘도 없는 엄마와 딸이자, 친구가 되어 지낼 수 있다면 더없이 좋겠단 생각이 들었다.

'딸이 있으면 외롭지 않다던데, 딸이면 정말 더 예쁘겠지?'

"엄마한테는 딸이 있어야 해. 아들 둘로는 안 돼. 애들 더 크기 전에 셋째 딸 하나 낳아야지."

주변에서 흔히 듣던 말이었다. 쓸데없는 참견이었지만 싫진 않았다. 그 당시 내가 쓰던 닉네임도 '딸원츄'였다. 마음속에서도 딸을 이야기했고, 온라인에서도 딸을 기다리는 마음을 갖고 있었다.

'아들 둘 있으니 딸 하나 있다면 정말 좋겠지? 하나 더 낳을까? 아이 셋 괜찮겠지?'

나는 종종 딸을 키우는 상상을 하며 말했지만, 남편은 달랐다. 이미 아들 둘을 키우면서도 주말부부를 하고 있는 터라 이런 상황에서의 출산은 말도 안 되는 일이라며 반대했다. 사실 낳는다 하더라도 딸이란 보장도 없으니 반대하는 남편의 마음도 어느 정도 이해할 수 있었다. 막연하게 딸에 대한 생각은 해봤지만, 아이 셋을 키우는 우리의 모습은 나 역시 낯설긴 했다.

그러던 중 컨디션 좋지 않은 날들이 늘어나고, 소화가 되지 않는 느낌이 계속된 날이 있었다.

'설마 임신일까?' 주말 아침 약국으로 달려가 테스트기를 사왔다. 결과는 역시나 두 줄이었다. 반가운 마음으로 남편에게 이 소식을 전했다.

"자기야. 나 임신한 거 같아. 봐봐. 테스트기 두 줄 나왔어."

"……."

남편은 아무 말도 하지 못했다.

"나, 임신했다고!"

"……그래서? 낳으려고?"

"뭐야. 무슨 말이 그래."

"잘 생각해 봐. 지금도 우리 둘 다 일하면서 아이 키우고 있는데, 거기다 또 아이를 낳으면…… 우린 죽을 때까지 일해야 해. 그걸 알고 말해야지. 아이 셋을 키우자고?"

남편은 당혹감을 감추지 못한 채, 그가 말하는 현실을 냉정하게 내뱉었다.

"지금도 일하는데…… 죽을 때까지 일하는 게 그렇게 힘든 일인가? 건강하기만 하면 되는 거지, 뭐."

생각지도 못한 남편 반응에 머릿속이 하얗게 변했다. 현실적인 말만 계속 귓가에 맴돌았다.

"죽을 때까지 일해야 해. 죽을 때까지 일해야 해."

'까짓것, 뭐! 죽을 때까지 일하면 되지. 뭐가 어려워.'

남편의 반응이 강렬했다면, 시부모님의 반응 또한 시큰둥하셨다.

"또 임신했다고? 둘만 잘 키우면 됐지. 뭘 또 낳아."

"셋째를 낳는다고? 엄마도 셋째는 병원 갔었어. 둘만 낳아도 된다. 요즘 누가 셋째를 낳는다니?"

시어머니는 셋째 임신 소식에 축하 대신 어머님의 낙태 이야기를 들려주셨다.

"어머니 시대에는 '둘만 낳아 잘 키우자' 시대였잖아요. 지금은 아이 키우기 얼마나 좋아졌는데요. 출산휴가 기간만 잠깐 쉬고, 다시 일 시작할 거예요. 열심히 벌어서 잘 키울게요." 어떻게 해서든 잘 키우겠다는 약속 하나로 나는 죽을 때까지 일해야만 키울 수 있는 셋째를 선물 받았다.

내 인생에 있어 셋째 임신은 당연한 것이 아닌 받아들임에 대한 의미를 깨우쳐주는 인생 경험의 시작이라 말해도 과언이 아니었다. 아이를 출산하기 보름 전까지 나는 어린이집에서 일을 했고, 출산휴가를 기다리면서 나만의 셋째 출산계획을 세웠다.

첫째, 출산 전에 집에서 쉬는 동안 두 아이들과 많은 시간을 보낸다.

둘째, 혼자서 온전히 나를 위한 시간을 보낸다.

셋째, 예정일 즈음에 늘 그래왔던 것처럼 자연분만으로 출산을 한다.

지극히 평범한 계획이었지만 생각한 대로만 흘러가지 않았다. 내가 계획한 세 가지 중 완벽했던 것은 아무것도 없었다. 기대하던 출산휴가를 받고 하루를 지낸 주말 아침에 급성폐렴으로 병원에 입원을 했다.

"임산부여서 치료가 조심스럽습니다. 회복 속도도 더딜 수 있고요. 만약의 경우에는 자연분만이 어려울 수도 있습니다. 회복이 먼저라고 생각하시고 제왕절개에 대해서도 염두하셨으면 합니다."

폐렴 치료를 하면서 협진을 했던 산부인과 원장님 말씀이었다.

'제왕절개를 하라고? 엄마 되는 게 정말 쉬운 게 아니네. 나는 그동안 어떻게 둘을 낳은 거지?'

내가 아무 일 없이 둘을 낳은 것은 굉장한 행운이었단 사실을 이때 깨달았다. 회복기를 갖는 동안 호흡도 안정적으로 돌아왔고, 다행히 이전 모습을 되찾을 수 있다. 출산 전 정기검진에서도 엄마랑 아이 모두 건강하단 말을 들을 수 있었다.

"엄마, 힘줄 수 있겠어요? 엄마만 괜찮으면 자연분만 가능할 것 같은데?"

"네! 할 수 있어요. 해볼게요."

남편은 연신 고개를 숙이며 감사하다고 말했다.

"선생님~ 감사합니다. 감사합니다."

그 모습이 낯설기도 하고, 고맙기도 했다. 그러면서도 죽을 때까지 일해야 한다고 협박했던 밉상 모습도 생각나 볼멘소리로 남편에게 물었다.

"뭐가 그렇게 감사해? 나한테는 그래도 낳을 거냐고 물어봤던 사람이……."

"내가 미안해. 잘못했어. 우리 아이들 잘 키워보자."

엄마의 완전한 회복과 아빠의 마음 성장을 기다리느라 우리 아이는 예정일보다 5일 늦게 세상에 왔다. 이 세상에 단 하나뿐인 3.29kg 건강한 공주님의 탄생이다. 당연한 건 하나도 없다고 깨닫게 해준 아이. 이로써 나는 아들 둘에 딸 하나를 키우는 다자녀 엄마가 되었다.

10

로또 맞아 낳은 넷째

셋째가 4살. 이제 막 자기주장을 펼치기 시작할 무렵, 임신을 했다.

남편이랑 앞으로는 쉬지 않고, 열심히 일하면서 살자고 약속하며 새집으로 이사한 지 한 달이 지난 후이기도 했다. 또 임신을 했다고 하면 남편이 싫어할 것 같았다.

나는 남편에게 문자로 말을 건넸다.

[나, 임신했어. 이혼하자.]

한동안 남편은 답장이 없었다.

임신했다는 말을 전하면서 이혼하자고 이야기하는 여자는 이 세상 어디에도 없을 것이다.

지금 생각해 보면 너무 극단적으로 전달하고 표현한 건 아니었나 싶은 생각이 들지만 셋째 딸을 낳을 때 죽을 때까지 일해야 한다고 말했던 남편 말을 가슴에 새긴 후여서 내 인생에 더 이상의 출산은 없을 거라 여겼기에 평범할 수 없었던 선택이었다.

넷째는 정말 죽어서까지도 일을 해야만 낳을 수 있다고 생각했다. 출산율 최저치를 경신하는 나라에서 아이 넷을 키운다는 것은 정말 대단한 재력가가 아닌 이상은 상식적으로 힘든 상황이다. 하지만 그 어려운 일을 나는 해내고 싶었다. 내게 선물로 와준 소중한 아이였기에 아이를 지키고 싶었다. 남편 역시 아이는 선물이라 생각하는 것에는 동의하면서도 넷을 키운다는 것은 현실적으로도 힘든 일이기에 복잡한 마음을 다스린다는 것이 쉽지 않아 보였다.

친정 부모님의 적극적인 상담과 기도로 우린 로또처럼 다가온 막내 아이도 잘 키우기로 마음을 먹었다. 그사이 넷째 임신 소식을 들은 주변에서는 별별 소문들이 들려오고 있었다.

"로또 맞아서 큰 집으로 이사 가더니 바로 넷째를 가졌대."

"넷째? 진짜 로또 맞았네. 로또 된 것도 아닌데, 요즘 누가 넷째를 낳아."

이사한 지 한 달 만에 찾아온 아이. 초등 고학년이 된 아들들에게 방 하나씩 주고 싶은 마음에 무리해서 이사를 했고, 그 덕분에 우리 가족에게 생애 첫 보금자리가 생겼다.

21평 임대 아파트에 살던 다섯 식구가 갑자기 집을 사서 새 단장을 하고, 넷째까지 임신했다는 이야기를 들으니 로또 당첨 소문까지 나게 된 것이다.

"로또 당첨은 아니에요. 로또 당첨되었으면 크게 한턱 쓰면서 자랑했겠죠. 아무래도 넷째가 제 인생 로또처럼 다가온 아이인가 봐요."

임신 소식에 함께 웃어주던 사람도 있었고, 진심으로 나를 걱정하는 사람들도 있었다. 우리나라에서 다자녀 엄마로 살아간다는 것은 그리 쉬운 일은 아니었으니 걱정하는 건 당연한 일인지도 모르겠다.

걱정하는 이야기를 들으며 아이에게 미안한 마음이 들어 한숨이 저절로 나오던 때도 있었다. 그때 한 친구가 내게 말했다.

"걱정하지 말고, 네가 받은 복을 세어봐. 임신 축하해." 친구가 여러 말을 해줬지만, 그중에서도 가장 기억에 남는 말은 '받은 복을 세어보라'는 말이었다.

네 아이의 엄마가 된다는 게 두렵기도 하고, 막연한 현실 앞에서 자꾸만 작아지고 있던 내게 힘이 되어 준 위로의 말이기도 했다.

'그래. 지금까지도 내가 무엇인가를 특별히 잘해서 셋을 키운 게 아니었지. 아이 넷도 잘 키울 수 있을 거야. 힘내보자.' 스스로를 토닥이며 양손을 불끈 쥐었다.

출산을 앞둔 한 달 전까지 어린이집 아이들과 함께하며 넷째도 어린이집 태교로 배 속에서 무럭무럭 잘 자라주었다.

'어떤 동생이 태어날까?' 우리 집 삼남매도 동생을 보게 될 날만 기다리고 있었다.

당연한 게 없었던 셋째 출산을 경험했던 나는 넷째는 순리대로 낳아보겠노라 마음먹고 가족들과 틈나는 대로 산책을 했다. 월명산, 청암산, 은파호수공원, 대형마트와 학교 운동장까지 쉬지 않고 걸었다. 인생에서 로또에 당첨된다는 게 결코 쉬운 일은 아니라는 것을 아이가 알려주고 싶었던 걸까? 아이는 예정일이 지나서까지도 나올 기미가 보이지 않았다.

"경산이긴 하지만, 터울이 있어서 초산처럼 좀 오래 걸릴 수 있어요. 하루 이틀 기다려보고, 유도분만을 하는 것도 생각해 봅시다."

"유도분만이요?"

"약도 잘 들어가야 하고, 엄마와 아이의 호흡이 굉장히 중요합니다."

"잘할 수 있을까요? 유도분만은 처음이라서요."

나는 세 아이를 모두 무통 주사 없이 자연분만을 했다. 그런 내게 유도분만이란 단어는 생소했다. 유도분만으로 아이와 호흡이 맞지 않다면 제왕절개로 아이를 낳을 수도 있었다.

아이 셋을 자연분만 했는데, 마지막 출산에서 수술을 한다는 건 좀 억울한 것 아닌가.

아이는 내게 쉬운 길을 보여주지 않았다. 유도분만을 위한 촉진제를 맞았지만, 내 몸에서의 반응은 조금도 없었다. 급기야 의사 선생님은 나를 집으로 돌려보내며 2일 후에 다시 오라고 하셨다.

'유도분만 실패라니! 임신으로 경험할 수 있는 건 다 경험해 보는구나.'

허탈한 마음으로 집으로 돌아와 배를 쓰다듬으며 아이에게 말했다.

"아가야, 괜찮아. 그럴 수 있어. 엄마가 조금 더 기다릴게. 우리 아가 걱정하지 말고 나와 주렴. 엄마랑 아빠랑 형들과 누나가 두 팔 벌려 환영할게. 어서 우리 가족 만나러 와줘."

인생 역전을 기다리며 하는 기도처럼 간절한 마음을 담아 기도했다. 아이는 그다음 날 촉진제 주사를 맞은 지 1시간도 되지 않아 세상에 나왔다.

출산에 대한 기억이 사라져 갈 무렵, 영혼까지 끌어모아 죽을힘을 다했을 때 아이와 나는 만날 수 있었다. 엄마랑 아빠, 그리고 아들 셋에 딸 하나. 우린 여섯 식구가 되며 진짜 진짜 다자녀 가족이 되었다.

Part 2

'엄마'라는
이름이 지닌 무게

1

절대 말하지 마라

예비 신랑과 나는 1월에 부모님께 결혼하겠다고 말씀 드렸고, 그것을 시작으로 결혼 준비는 일사천리로 진행될 수 있었다. 웨딩 촬영을 하기로 한 날. 어머님이 말씀하셨다.

"야야~ 너 혹시 주변 사람들한테 임신했다고 말했니?"

"아는 사람은 알고, 모르는 사람도 있어요."

"괜찮겠니? 절대 말하지 마. 결혼식 끝날 때까지는 더 이상 말하지 말거라."

"네? 그게 무슨 말씀이세요?"

"말해서 좋을 게 뭐 있어. 말하지 마."

"네. 어머니."

시어머니 말씀에 "아니요"라는 말을 할 수 없었던 나는 고개를 갸우뚱하면서도 "네"라고 대답할 수밖에 없었다.

'내가 임신하고 결혼하는 게 창피한가? 왜 말을 하지 말라고 하시는 거야.'

남편에게 투덜거릴 수도 없었지만, 시어머니가 나를 창피하게 여기셔서 말하지 말라는 것으로 느껴졌다. 서운함이 몰려왔다.

'사실대로 말하는 게 힘든 건가? 물론 거짓말하라는 말씀은 아니셨지만, 말하지 말라니.' 시간이 지날수록 계속해서 곱씹어지는 말씀이었다. 그날의 내 기억은 서운함이란 단어로 정리되었다.

시간이 흐르고, 지인의 결혼식에 어머님과 함께 참석하고 돌아오는 길에 결혼식장 이야기를 나눴다.

"결혼식 진행하고 있는데, 왜들 그렇게 뒤에서 속닥거렸는지. 듣기 싫어 혼났네."

"그러게요. 어머니! 임신을 했네. 어쨌네. 남자가 어쩌고…… 말이 많긴 하더라고요."

"너도 들었냐?"

"네, 이곳저곳에서 수군거리니까 다 들리더라고요."

"말하지 말고 조용히 결혼하라니깐. 이 사람 저 사람 소문내서 인생에 한 번뿐인 결혼식장에서 뭘 그리 속닥거리게 만들어. 내가 너네 결혼할 때도 이럴까 봐 말하지 말라고 한 거야. 엄마는 친척들한테도 말 안 했어. 좋고, 나쁘고를 떠나 사람들은 자기 말만 하기 좋아하니까. 그 말 못 하게 하려고 말 안 했어. 안 그러냐? 둘이 좋아서 하는 결혼인데…… 축하만 받으면 됐지. 뭐 하러 이런 소리 저런 소리 들어."

"네. 어머니……."

이날도 난 어머니란 말밖에 할 수 없었다.

'어머님은 깊은 뜻이 있으셨구나. 나를 창피해하거나 싫어하셨 던 게 아니었어.'

서운했던 감정들이 사라지면서 어머님께 감사했다. 누구보다 반 듯하게 키운 자녀가 좀 더 당당하게 첫출발했으면 하는 마음이었 겠구나. 그때는 미처 알지 못했던 마음들이 느껴졌다. 뒤늦게 대학 졸업한 큰아들이 취직도 하기 전에 결혼을 한다 했으니 어머니 마 음은 어떠셨을까? 결혼도 놀라웠을 텐데…… 머지않아 아빠가 된 다니. 더욱 조심스럽고, 그 앞날에 작은 걸림돌 하나도 없도록 바 라는 어머님의 마음을 이제야 느낄 수 있었다.

2

산후조리 하기 딱 좋은 8월

첫아이 출산 예정일은 7월이었다. 이제 갓 대학 졸업한 남편과 임신으로 인한 퇴사를 했던 나에게 여유자금이라고는 1원도 찾을 수 없었던 때였다. 누군가는 조리원을 찾아보고 있을 무렵, 나는 가성비 좋은 출산과 산후조리 방법을 찾고 있었다. 18년 전 일이긴 하지만, 그때도 산후조리원 비용은 100만 원이 넘었었다. 내가 일을 했다 하더라도 월급의 반절이 넘는 비용을 산후조리에 쓸 만큼 강심장도 아니었기에 우린 고민만 하고 있을 뿐이었다.

예정일을 지나고 있는 순간까지도 산후조리에 대해 해답을 찾지 못하고 있을 때, 친정엄마가 말했다.

"엄마가 해줄게. 불편한 것도 있겠지만, 어떻게든 되지 않겠니?"

"괜찮겠어? 이제 8월이라 너무 더울 텐데……."

"산후조리 하기에는 딱 좋아. 8월이면 춥지도 않고, 산모한테는 딱 좋아. 엄마랑 아빠가 서둘러서 집 정리 해놓을 테니까 집에 와서 해."

엄마 나이가 마흔넷이었지만 엄마는 흔쾌히 할머니가 되기로 했고, 산후조리까지 맡기로 했다. 어디에서도 들어본 적 없는 '산후조리 하기에 좋은 8월'이라 말하며 첫 손주를 기다렸다.

친정집은 세월이 묻어나는 조용한 동네의 오래된 2층짜리 집이다. 건물들끼리 붙어 있어서 햇볕이 잘 들지 않고, 햇볕이 들지 않는 탓에 곳곳에 곰팡이가 있기도 했다. 아이가 태어나기 전에 이것들을 모두 없애야 한다며, 아빠와 엄마는 바빠지기 시작했다. 집 안 구석구석을 소독하고 환기하고, 화사한 벽지로 도배를 했다. 아이는 모든 준비가 마무리되고 나서 예정일 지난 2주 후에 만날 수 있었다. 자연분만이었기 때문에 출산한 지 3일째 되는 날 친정집으로 향했다. 엄마는 미역국을 한 솥 끓여놓으셨고, 내가 좋아하는 생선을 구워놓으셨다. 내가 움직이는 대로 엄마는 나를 따라다녔다.

"좀 더 먹어. 많이 먹어야 모유도 나오지."

"잘 안 먹혀. 그만 먹으면 안 되나?"

"그래도 먹어야지. 아이 생각해서 먹어. 네가 잘 먹어야 아이도 좋은 모유 먹지. 너 어렸을 때 모유를 어찌나 찾던지…… 너는 7살

유치원 다녀와서도 먹으려 했어."

"응? 내가 그랬다고?"

"그래. 네가 그랬어. 그땐 분유가 좋다고 해서 분유 좀 먹여볼라 그랬는데…… 먹어야 먹이지. 넌 모유만 먹고 컸어."

'내가 그랬구나……'

내가 기억하고 있던 순간들은 엄마 없이 홀로 남겨지거나, 지쳐 있는 엄마를 바라보는 게 전부라 생각했는데, 이런 내가 엄마 모유만 찾는 아이였다니 엄마가 되어 친정으로 왔던 첫날에 새로운 사실을 알게 되었다.

모유만 찾았던 내 어린 시절과는 달리 나는 모유가 잘 나오지 않았다. 정말 숨죽여 짜내고, 짜내도 나오지 않아서 울먹이던 시간이 많아졌다.

내 뜻대로 되지 않는 모유 수유에 울고 있는 나를 보면서 엄마는 조용히 옥상으로 올라갔다.

"돼지족을 달여서 먹으면 잘 나온다더라."

"붕어 즙을 끓여 먹는 것도 좋다던데?"

온갖 민간요법을 들은 엄마는 무더운 날, 지붕도 없이 뜨거운 햇볕을 받으며 옥상에서 돼지족을 달이셨다.

"엄마, 주방에서 하지. 왜 옥상까지 올라가."

"이거 달이는 데 시간 오래 걸려. 그리고 가스불 쓰면 방 온도가

올라가잖아. 너랑 우리 손주 더워서 안 돼.”

“아니~ 엄마도 더우면서 그래.”

“난 하나도 안 더워. 너나 덥지 않게 해. 엄마 올라간다.”

에어컨이 흔하던 시절도 아니었고, 친정집의 구조가 좋던 시절도 아니었기에 엄마는 홀로 옥상에서 나와 아이를 위한 음식을 만드셨다.

사랑받은 적 없다고 큰소리쳤었는데, 사랑하지 않았다면 ‘이 모든 게 가능할까?’라는 생각이 들었다. 무더운 여름에는 내 한 몸이 끌기도 쉽지 않다. 머리 위로 햇볕이 뜨겁게 내리쬐는 사막과도 같은 환경에서 오롯이 자녀를 위함이란 이름으로 그 자리에 서 있을 수 있을까? 땀으로 감싸안고 벌게진 얼굴을 하고 내려와서도 그 뜨거운 기운이 전해질까 쉽사리 방에 들어오지도 못했던 엄마를 보면서 내가 모르고 지나쳐버린 사랑이 느껴졌다.

3

미련한 사람이나 많이 낳지

넷째 임신 사실을 시어머니께 말씀드렸다.

축하해 주실 거라고 기대하지 않았지만, 휴대폰 너머로 들려온 소리는 처절했다.

"야야. 너 진짜 이혼하고 싶어? 왜 이렇게 자식 욕심이 많아.

너도 네 인생 살아야지. 언제까지 애들 뒤치다꺼리만 하려고 그래."

"제 인생도 살고 있어요."

"네가 뭘 네 인생을 살아 이것아. 의사, 검사, 돈 많고 똑똑한 사람들은 애 하나도 낳을까 말까 하는 세상인데 미련하게 애를 낳기는 뭘 또 낳아. 어떻게 키우려고 그래. 미련한 사람이나 애 많이 낳는 거야."

"잘 키울 수 있어요. 열심히 돈 벌면 되죠."

"너희가 지금까지는 뭐 열심히 돈 안 벌었냐? 지금도 그렇게 살면서! 내가 창피해서 누구한테 말도 못 하겠어."

"……."

속사포처럼 쏟아지는 시어머니 말씀에 잔잔한 메아리처럼 대꾸하곤 다른 대답은 할 수 없었다.

"병원 가거라. 알았지? 다른 애들 생각해서라도 병원 가."

머리로는 분명히 나를 생각해서 해주신 말씀이라는 것을 알겠는데, 마음에서 소용돌이치는 감정들을 어떻게 감당할 수가 없었다.

'그래. 까짓것 이혼하지 뭐. 세상에 어떻게 며느리한테 그런 말씀을 하시지? 어머님 아들 걱정에 그러는 거야, 뭐야? 내가 지금까지 일 안 했나?'

'애가 셋인데, 보육교사 경력 10년 이상이면 저 진짜 쉬지 않고 일한 거 맞거든요?'

어머님께 하지도 못할 말들만 마음속으로 수백 번 외치며 몇 날 며칠을 울었다.

'어머님은 신앙인 맞아요? 어쩜 그렇게 어머니 생각만 하세요? 병원에 가라니요. 제가 시어머니한테 그런 말 듣게 될 줄은 몰랐네요. 어머님 정말 너무하세요.'

마음속에 너무한 시어머니를 붙잡고 있으려니 내가 무너질 것 같았다.

아이를 셋이나 둔 아들과 며느리가 이혼하길 바라는 시어머니가 정말 존재할까?

어머니는 그렇게 손주가 싫으셨던 걸까? 이혼할 수도 없고, 그렇다고 어머님을 이해할 수도 없었던 때가 있었다. 잊었다 생각했지만 한 번씩 그때의 기억들이 떠오를 때면 며느리인 내가 미워서 그렇게 말씀하신 건가 싶어 다시 한번 서운함이 올라왔다.

무너지는 마음을 붙잡고 싶어서 시어머니가 되어 보기로 했다. 넷째를 낳고, 기르면서 큰 아이들이 고등학교, 중학교에 입학하고, 모든 아이들이 교육기관에 다니고 있는 지금은 어머님의 마음이 어떠셨는지 알 수 있을 것 같다. 저출산 역대 최고치를 경신하고 있는 대한민국 현실에서 아이 넷을 키운다는 것은 꽤 많은 수고와 노력이 필요했다. 좀 더 정확하게는 부모의 수고와 노력으로도 되지 않는 부분이 있었다. 해주고 싶은 게 있어도 더 해줄 수 없는 부모 마음은 몇 줄의 글로 표현할 수도 없고, 경험해 보지 못한 사람은 알 수가 없다.

넉넉하지 않은 삶 속에서 순간순간 마주하는 자괴감. 네 아이의 부모가 된다는 것은 내가 생각했던 것보다 경제적으로나 정신적으로 쉽지 않은 영역이었다.

어머니 역시 작은 식당을 운영하며 두 아들을 키운 경험이 있으셨기에, 앞으로 우리에게 펼쳐질 시련과 고통을 먼저 보셨고, 그래서 그렇게 모진 말로 경고장을 보내고 싶으셨던 것 같다.

내가 부모여서 내 아이를 지키고 싶었듯이 우리 어머니 역시 부모이기에 나와 내 남편을 지키고 싶으셨다는 것을 뒤늦게 깨달았다. 그 말이 좀 더 부드럽게 표현되었더라면 오해도 없었을 텐데, 들리는 대로만 들을 수 있었던 나는 어머님을 이해할 수 없었다.

이제는 알 수 있다. 우리 부모님 세대 역시 부드럽고 따뜻한 말 한마디 못 들으며 자라온 분들이라 제대로 표현할 수가 없다는 것을 말이다.

나는 아이 넷을 키우며 조금씩 성장하고 있다. 어쩌면 정말 상처받은 마음속에 허우적거리며 평생 한 사람을 미워하는 마음을 간직한 채 살아가는 미련한 사람이 될 수도 있었지만 아이를 키우며 부모의 마음을 알아간다.

세상에서 제일 사랑하는 내 아이에게 가장 좋은 것을 주고 싶었을 오직 부모만이 알 수 있는 따스한 마음을 느끼며 이전보다 지혜로운 사람으로 성장하고 있다.

4

삶에서 희미해진 존재

오랜만에 뵙는 할머니는 인자한 미소로 나와 아이들을 반겨주셨다. 아이들 한 명씩 눈길을 주며 맞이한 할머니는 내가 자리에 앉자마자 손을 잡으며 말씀하셨다.

"야야~ 애들 넷 키우느라 스트레스 받아서 살이 찌는가 보다. 힘들어서 어쩐다니."

"할머니! 나 하나도 안 힘들어요. 많이 먹으니까 살이 찌는 거야 괜찮아요."

"아녀! 스트레스 많이 받으면 그것도 살찌는 겨! 애들 넷 키우는 게 보통 일이라니?

밥 안 먹어도 힘들어서 붓고 살도 찌고 그러는 거여."

나의 살들이 스트레스로 인한 결과라 확신하는 할머니는 나를 쓰다듬으시며 말씀하셨다. 작년 추석에도 똑같은 말씀을 하셨는데 이렇다 할 변화가 없는 모습이라 더 걱정이 되셨나 보다.

눈치 없이 삐져나온 내 살들이 너무 미웠다. 한 손에도 잘 잡히는 살을 잡아당기고 있는 사이 할머니는 아이 키울 때는 잘 먹어야 한다며 내 앞으로 살며시 갈비 그릇을 놓으셨다.

"너도 좀 먹어~ 애들은 다 잘 먹고 있네. 먹어. 너 먹어."

좀 전까지 내 살을 걱정하셨던 할머니는 말씀과는 다르게 먹을 것 챙겨주시느라 바쁘다.

사실 내 살은 할머니만 걱정하신 게 아니다. 친정 엄마도 나를 볼 때마다 이야기하셨다.

"너…… 요즘 살이 더 찌는 것 같다?"

"응. 엄마. 살이 계속 찌네. 관리 안 해서 더 그런가 봐."

"애들 밥 챙겨준다고 하면서 너도 같이 먹고 하니까 살이 찔 수밖에 없지. 내가 애들 밥이라도 챙겨주면 네가 살도 빼고 할 텐데, 매일 음식 하면서 살 뺀다는 게 쉬운 일은 아니야. 살만 빼면 너무 예쁠 텐데……."

"아이고, 예뻐봤자 이 얼굴이지 뭘."

"아니야. 너 진짜 살 빼면. 살만 빼면. 내 딸이지만 너 진짜 예쁘다니까."

먹는 것도 내가 먹었고, 관리 안 해서 살도 내가 찐 건데, 내 몸에 덕지덕지 붙어 있는 살 때문에 피해 보는 사람이 많아졌다.

나는 이런저런 일들에 지치다 보면 끼니를 대충 챙겨 먹었다. 라면을 먹거나 빵으로 때우는 식으로 끼니를 때우다 보니, 어느새 불규칙한 식습관이 일상이 되어버린 것 같다. 생각보다 점점 더 불어나고 있는 내 모습을 보며, 사람들은 내가 지쳐가고 있다고 느꼈을지도 모른다. 죄 없는 우리 아이 넷은 엄마의 몸무게 증가의 주된 요인이 되어 방패막이가 되어 주고 있었다. 남편은 아이들을 무기삼아 내게 말했다.

"애들 커서 결혼하고, 손주 낳고 사는 것 안 볼 거야? 다른 거 다 필요 없고, 너도 네 몸 챙겨야 해. 너 그러다 일찍 죽는다."

"알겠어. 관리할게."

"진짜야. 너 하는 거 봐서는 일찍 죽기 딱 좋아."

분명 날 사랑해서 하는 말이라는 것을 머리로는 알겠는데……
어쩜 이렇게 온도 차이가 있을까? 어쨌든 나는 이제 살 하나, 내 몸 하나도 함부로 대하면 안 되는 아이 넷의 엄마라는 것을 다시 한번 느꼈다. 책임감이든 의무감이든 스스로를 사랑하고 지켜야 할 이유가 생겼다. 부모가 되어 느끼는 사랑에는 책임감과 의무감도 함께 담겨 있다.

내 아이를 사랑하는 만큼 나를 사랑할 수 있는 힘도 부모에게는 꼭 필요하다는 것을 알았다.

5

봉투로 알게 된 마음

어느 날, 교회 헌금 봉투를 정리하다가 적힌 감사 제목들을 보게 되었다. 익숙한 이름들이 적힌 봉투에서, 삐뚤삐뚤한 글씨 속에 자녀와 손주를 향한 간절한 마음이 느껴졌다. 팔십이 넘은 외할머니는 어떤 기도 제목을 담아 헌금 봉투에 이름을 적으셨을까?

이름 석 자와 함께 [○○○ 가정]이란 이름으로 각각 담긴 봉투를 보니 그 기도 제목을 전부 알 수는 없지만 엄마라서 느낄 수 있는 그 마음이 와닿아서 갑자기 뭉클해졌다.

젊은 나이부터 고생하며 자녀를 키우고, 손주까지 키우느라 고생하신 외할머니는 그럼에도 자식들에게 늘 미안해하셨다. 친정 엄마 역시 손주 넷을 산후조리 해주고, 워킹맘인 나의 빈틈을 채워주었으면서도 자격 없는 엄마로 가장 중요한 시기를 흘려보냈다며 미안해했다.

[이유정 집사 새로운 직장 허락하심 감사합니다.]

나는 며칠 전 원하던 직장에 합격했고, 소식을 전했다. 엄마는 그저 무심하게 "잘했다." 한마디뿐이었는데, 나 몰래 나의 행복을 고마워하고, 감사를 적어 내려가고 있었다. '감사'라고 적고 있었을 엄마의 손끝을 상상하니 울컥했다.

상처받은 외할머니가 상처 주며 키운 엄마. 그리고 그 상처를 그대로 물려받은 나.

우리는 사랑보다 상처를 더 많이 주고받은 사이라는 생각에, 마음이 아팠던 때도 있었다. 오랜 시간 오해로 쌓여버린 우리는 서로 미워하고 있다고 생각했다. 이렇게까지 안 맞는 사람들이 있을까? 어쩌면 거리를 두고 사는 게 서로에게 더 좋을 것 같다고 생각했던 적도 있었다.

나란히 놓여 있는 헌금 봉투를 보다 보니 상처를 주고받게 된 관계인 우리이지만, 그 안에는 제대로 표현하지 못한 감사와 사랑이 있었다는 것을 알았다.

오랫동안 묵혀둔 감정이 올라왔다. 가족이라서 말해야 하는데, 가족이란 이유로 말할 수 없었다. 제대로 표현할 수 없기에 우린 서로를 오해하며 살고 있었다. 사랑만 하기에도 너무 짧은 인생인데, 언제까지 오해하고, 미워하며 불편한 관계로 살 수는 없단 생각이 들었다.

다 지난 일이지만 글로 담아내며 쓰는 이유 역시 상처를 토해 놓겠다는 것이 아니라, 더 늦기 전에 표현하지 못했던 사랑을 표현할 수 있는 진짜 사랑을 대물림하기 위해서다.

자녀라서 할 수 없었던 말을 자녀니까 말할 수 있었으면 좋겠고, 부모라서 하지 못한 말을 부모니까 말할 수 있었으면 좋겠다.

부모가 되어 살다 보니 봉투에 몰래 적어내는 마음도 중요하지만 진짜로 내 마음을 들어야 할 사람에게 전달할 수 있는 용기도 필요하다는 것을 알게 되었다.

우연히 보게 된 헌금 봉투에서 부모와 자녀 사이에 미처 표현하지 못한 마음도 서로가 헤아릴 수 있는 지혜까지 더해진다면 얼마나 좋을지 떠올려 본다.

6

사랑이 넘치는 벚꽃나무

우리 집에는 사계절 내내 피어 있는 벚꽃나무 한 그루가 있다. 절대 시들지 않는, 사랑이 깃든 나무다. 난 아이를 셋 키우면서도 아주 작은 아파트에 살았다. 진작 이사를 해야 했지만 현실과 타협하느라 큰아들이 초등학교 고학년이 되어서야 이룰 수 있었다.

이사를 앞두고, 친정 부모님과 인테리어 핫플레이스에 관해 이야기했다.

"수송동에 있는 술집인데, 매장 한가운데 벚꽃나무가 있대요. 가서 좀 보고 올까?"

친정엄마는 깜짝 놀라 말했다.

"술도 안 먹는 애가 술집에 간다고?"

"술 안 먹고, 안주랑 음료 시켜서 보면 안 되려나? 너무 보고 싶어서."

"그렇게 보고 싶으면 너희 집에도 해놓으면 되잖아. 그거 보러 술집엔 뭣 하러 가."

벚꽃나무를 핑계로 술과 친해질까 염려하신 걸까. 조금은 무심한 듯 툭 말을 건네셨다. '집에다 벚꽃나무를 어떻게 해놓으란 건지.' 말도 안 된다 생각하면서도 보고 싶은 마음이 간절하다 보니 그 자리에서 '벚꽃나무' 검색을 했다. 이것 역시 인테리어에 속하는 것 중 하나라 가격이 300만 원, 500만 원 부르는 게 값이었다.

"엄마, 차라리 그냥 한번 가서 음료수라도 마시면서 보고 오는 게 낫겠어. 너무 비싸."

며칠 뒤 엄마한테 전화가 왔다. 서울 꽃시장이라며 벚꽃나무를 사러 왔다고 한다.

"엄마, 어디라고? 서울? 서울까지 갔다고?"

버스를 몇 정거장 타고 갈 수 있는 그런 거리가 아니다. 엄마는 대야장 마실 가듯 서울에 갔다. 더 놀라운 사실은 하필 엊그제 꽃시장이 쉬는 날이어서 오늘이 두 번째 서울 나들이라 하셨다.

군산시 곳곳을 다니며 벚꽃을 찾아봤는데, 결국 서울까지 갔다는 엄마.

"마음에 드는 게 없어서 한참 돌다가 마지막에 간 곳에서 찾은 거야. 얼마나 예쁜지 아니? 너도 보면 놀랄 거다. 진짜 벚꽃 같아. 암튼, 엄마가 주문해 놓고 갈 테니까 그렇게 알고 있어."

나는 놀라움에 멈춰 서 있었고, 엄마는 산삼을 캔 심마니처럼 흥

분되어 있었다.

그냥 무심코 던진 말이었다. 그 벚꽃나무를 우리 집에 놓을 수 있을 거란 생각은 못 했는데,

엄마는 실행에 옮겼다. 벚꽃나무 가지가 집으로 오기 전 엄마는 나무 기둥을 구해야 한다며 또다시 산으로 시골 마을로 차를 타고 돌아다니기 시작했다. 베어낸 지 오래되지 않은 나무를 찾아 일주일 넘게 헤매셨고, 인심 좋은 시골 주민께 나무 기둥 하나를 얻었다.

엄마는 손주들이 사는 집으로 오게 될 나무의 벌레 퇴치와 밑 작업을 위해 다시 한번 정성을 쏟으셨다. 나무는 엄마가 잘 말려서 소독하고, 손질을 마친 뒤에야 우리를 만났다.

엄마의 지휘 아래 아빠의 능숙한 작업으로 나무 기둥과 나뭇가지를 연결해 우리만의 나무가 완성되었다.

나무에 벚꽃가지를 꽂기 위해 드릴을 사용해서 하나씩 구멍을 내었다. 이 나무를 안전하게 지탱해 줄 이동식 화분까지 만들고 나서야 엄마는 일손을 멈췄다.

아마추어 기술자이지만 어느 것 하나 그냥 지나침 없이 철저한 생각과 계획들로 벚꽃나무가 완성되었다. 이 모든 과정을 보고 듣고 지켜보던 나는 벚꽃나무를 볼 때마다 코끝이 찡하다.

딸이 보고 싶다고 말했던 걸 매일 볼 수 있게 해주고 싶었던 부

모의 마음.

몇백만 원이 넘는 벚꽃나무를 해줄 수 없으니 발로 뛰고, 수없이 많은 고민과 생각 끝에 만든 벚꽃나무 한 그루. 이 벚꽃나무가 우리 집에 온 순간부터 단순한 벚꽃나무가 아니다.

이것은 자식을 위한 부모의 한없는 사랑이었고, 물질로 대신할 수 없는 고귀한 사랑의 희생이었다. 부모님이 나에게 벚꽃나무를 사라며 몇백만 원을 쥐여주셨다면 이 나무가 이렇게 나에게 소중한 나무가 될 수 있었을까. 돈으로 살 수도 없고, 이 세상 어디에도 없는 벚꽃나무.

어릴 적 기억들로 힘든 시간들이 올라올 때마다 벚꽃나무를 보며 그 사랑을 기억하려 한다.

눈에 보이지 않는다고 사랑하지 않았던 것은 아니니까.

표현이 서툴렀을 뿐이고, 그 마음을 내가 제대로 느끼지 못했을 뿐이지 내게 준 사랑은 진짜 사랑이었다.

몇십 년이 흘러도 분홍 빛깔의 화사함을 머금은 벚꽃나무.

봄에만 피는 반짝이는 사랑이 아닌, 사계절 내내 내 곁에서 말없이 미소 지으며 나를 안아주는 벚꽃나무.

7

내 삶의 사명

나에게 '엄마'는 사명이다.

나는 가끔씩 생각한다. '내가 엄마가 아니었다면, 나는 어떤 사람이었을까?' 아마도 생각 없이 그저 하루하루를 시간을 허비하며 보냈을 것이다. 물론 더 재미있게 살았을 수도 있지만, 그것에 대한 가능성은 적어 보인다.

사실 첫째, 둘째를 키울 때까지만 해도 '엄마'란 사람은 그저 옆에만 있어 주면 되는 사람이라 생각했다. 내가 너희들 옆에 있었으니 그것으로 된 것 아니냐?라는 식의 마음가짐이었다. 이런 말도 안 되는 마음가짐으로도 아이들을 키워낼 수 있을 정도로 아이들은 순했고, 나는 무지했다.

첫째가 초등 중학년이 되고, 둘째가 초등학교에 입학할 때쯤 셋째 아이를 낳았다. 셋째를 임신하게 되면서부터는 '엄마' 라는 말이 처음으로 무겁게 다가왔다. 나로 하여금 영향을 받게 되는 아이가 셋이나 된다고 생각하니 이대론 안 될 것 같았다.

셋째를 낳은 후, 부모교육을 듣게 되었고, 부모교육으로 하여금 나를 조금씩 보게 되었다.

어린 시절에 대한 생각도 단지 엄마 사랑도 못 받은 채로 불쌍하게 자라온 아이 정도로만 생각했었는데…… 좀 더 구체적인 생각이 들었다. 굳이 이 나이 먹어서까지 어린 시절의 초라함을 들춰내야 하나 싶은 생각도 들었지만, 나를 제대로 알아가기 위해서는 그만큼 꼭 필요했고, 의미 있는 시간들이었다. 어쩌면 이런 것들을 알아내고 인식했기 때문에 스스로 '엄마'에 대한 사명을 갖게 된 것 같다.

사람과 사람 사이 관계에서 '단 한 사람'의 영향력은 크다. 그 한 사람이 '엄마'일 때 더욱 신뢰할 수 있으며, 그 영향력은 매우 커진다. 물론 부모님이 돌아가시거나 뭔가 다른 이유들로 불가능한 경우가 있을 수 있지만 부모 영향력에 대한 이야기는 강조할 수밖에 없다. 나에게 선물처럼 주어진 아이가 넷이다.

네 아이에게 선한 영향력을 주어야 한다는 생각으로 내 마음을 붙잡고 살았다.

그 마음 하나, 내가 스스로에게 내려준 사명 하나가 나를 좀 더 나은 사람으로 만들어 주었다. 이 마음으로 어두웠던 과거에 대한 나의 생각도 바뀌기 시작했다.

나를 지켜내기 위해 생각한 것들이 나와 내 가족을 지키는 일이 되었다. 엄마에 대한 마음 역시 내게 주어진 사명이다. 사명을 깨달았으니 이젠 그 사명에 대한 것들을 감당하면 된다.

'어떻게 감당하느냐?' 다시 또 질문을 던지고, 그때마다 그 답을 찾고 있다. 달라진 것은 없지만 걱정하지 않고, 그냥 움직여 본다.

'옆에만 있어도 되는 거 아니냐?' 무지함으로 시작했지만 부딪혀보고, 넘어져도 보면서 다시 일어난다. 엄마는 내 사명이니까.

나는 행동보다 마음이 먼저여야 하는 사람이었다. '사명'이라고 생각하니 아이들과의 관계도 더 이상 두렵지 않았다. 내가 잘해야 아이도 잘할 수 있다는 것에서 벗어나 나를 사랑해야 아이를 사랑할 수 있고, 내가 행복해야 아이의 행복도 지켜줄 수 있다는 것을 알았다. 엄마를 사명으로 여기고 살아가는 것. 이것은 나에게 족쇄가 아닌 감사의 조건이 되었다.

8

말하는 대로 된다

내가 예전부터 흔하게 듣던 말 중 하나가 '말하는 대로 된다'였다. 이름을 잘 지어야 한다는 것도 좋은 뜻을 담고서 불러주면서 한 사람의 인생이 제대로 꽃피우길 바라는 것 아닐까?

내가 좋아하는 단어는 '감사하다', '감사'다.

몸과 마음을 찌르고, 후벼 파는 고통 속에서도 그 고통을 견디게 해줬던 것이 '감사'였다. 이 '감사'를 잃어버리지 않고 꼭 쥐고 있으면 다시 일어날 수 있는 힘이 생기는 것 같았다. 감사하다 보면 긍정의 힘이 생기고, 긍정의 힘으로 살다 보면 행복함이 몰려왔다.

행복함이 몰려오는 것을 잘 받아들이고 있다 보면, 종종 밀려든 걱정이나 두려움도 잘 넘어갈 수 있었다. 감사를 놓치고 싶지 않은 이유가 있기에 나는 닉네임도 '땡큐베리'로 정착하게 되었다. 내가 땡큐베리가 되기까지는 여러 가지 닉네임을 사용하고 난 후였다.

나의 첫 번째 닉네임은 '축복받은 예찬이 엄마'였다.

준비되지 않은 엄마였기에 갑작스러운 엄마의 길이 고난이 아니라 축복으로 받은 것이라고 생각하며 나를 그렇게 불러주길 바라는 마음이었다.

둘째가 생기면서는 둘째 이름까지 넣어서 '축복받은 예찬주찬맘'이 나의 닉네임이었다. 그 후 나의 세 번째 닉네임은 '딸원츄'였다. 아들 둘을 낳아 키우고 나니, '딸 하나쯤은 키워봐야 하지 않을까?' 하는 간절한 바람이 생겼고, 그런 마음을 담아 꽤 오랜 시간 동안 '딸원츄'라는 닉네임을 사용했다.

'딸원츄'라는 닉네임으로 활동하고 난 후, 2015년에 딸을 낳았다. 아이 셋을 사랑으로 잘 키워보자는 마음을 담아 '러브원츄'가 되었는데, 그 마음을 너무 강하게 잘 담아냈었는지 2020년에 또 하나의 생명을 만나게 되었다. 정말 말한 대로 된다. 내가 믿는 대로 된다.

땡큐베리 감사! 덕분에 이 감사는 끝까지 놓치지 않고 나와 함께할 말이다.

내가 땡큐베리가 된 후, 나는 소소하지만, 확실한 행복을 찾았다. 그것은 바로 감사하는 습관을 갖게 된 것이다. 힘든 순간을 이겨내기 위해 붙잡았던 감사가 오늘을 살게 해줬다.

내가 처음으로 감사에 대한 글을 쓰게 된 것은 임신 중 앓게 된 급성폐렴 덕분이었다. 출산 2주 전까지도 일을 했던 나이기에 건강에 대해서만큼은 자부했다. 나름 세 번째 출산이어서 긴장감보단 설렘이 앞서 있던 때였고, 그렇게 원하던 딸아이 출산을 앞두고 있었기 때문에 누구보다 행복함이 넘치던 때였다. 신앙인이었기에 출산 전에는 아이를 위해 작정기도를 하며 우아하고 편안한 출산을 꿈꾸고 있었다.

출산휴가를 시작한 지 이틀째 되던 날, 나에게 당연한 것은 하나도 없는 절망의 순간이 찾아왔다. 숨을 쉬는 것이 당연한 것이 아니었고, 병원에 가서 진료를 받을 수 있는 것도 나에겐 기적과도 같은 일이었던 적이 있었다. 임산부라는 이유로 나는 진료 기피 대상이 되어 있었다. 남편과 나는 어찌할 바를 몰라 둘이서 마주 보고 울고 있을 수밖에 없었다.

"혹시 모르니 대학병원에 가보자. 거기서는 고칠 수 있겠지."

기침을 하다 숨이 멎을 것 같고, 만삭인 배가 터져버릴 것 같은 고통과 두려움으로 병원을 향했다. 호흡기센터 앞에서 금방이라도 쓰러질 것 같은 아내를 부축하며, 남편은 간호사에게 말을 건넸다.

"아내가 임신 34주인데, 열이 나고 기침을 합니다. 혹시 당일 진료가 가능할까요?"

"살……려주세요. 제발 저 좀 살려주세요." 내가 할 수 있는 건 살려달라는 말뿐이었다.

우리의 간절함이 통했던 걸까? 호흡기전문센터에 있던 전문의가 바로 진료가 가능하다며, 접수와 동시에 진료가 이뤄졌다. 나는 환자복으로 갈아입었고, 침대에 누워 왼쪽 팔에는 주삿바늘이 꽂혔다. 주삿바늘이 들어가는 순간에 나도 모르게 눈물이 쏟아져 나왔다.

 '출산 앞두고 이게 무슨 일이야…… 나 벌 받은 건가? 내가 뭘 잘못했지? 왜? 왜 나한테 이런 일이 생긴 거야?'

 스스로를 자책하는 말들을 떠올리며, 나에게 돌을 던지고 있었다. 내가 던진 돌에 혼자서 아파하다 보니 배 속의 아이가 느껴졌다. 아이는 괜찮을 거라는 의사 선생님 말과 함께 아이 역시 신호를 보내고 있었다.

 '내가 이러면 안 되지! 좋은 생각 해야 하는데…….'

 "아가야, 미안해. 엄마가 미안해. 이젠 좋은 생각만 할게." 아이의 태동을 느끼며 나는 감사한 것을 하나씩 떠올리기 시작했다.

> 어린이집 근무하는 동안이 아닌 출산휴가 시작한 후에 아프게 된 걸 감사합니다.
> 달콤한 휴가 첫날은 두 아들들과 짧게라도 데이트한 후에 아프게 된 걸 감사합니다.
> 예약해도 힘든 대학병원 진료를 단 몇 시간 만에 진료와 입원까지 감사합니다.
> 고열과 기침으로 싸우고 있는 엄마 배 속에서 나는 괜찮다며 꿋꿋하게 태동해 주는 딸이 있어 감사합니다.

엄마 아프다는 말에 걱정스러움을 표현하기보다 온 맘 다해 기도하는 두 아들이 있어 감사합니다.

예정일 보름이나 남겨놓았으니 치료할 수 있는 시간 주셔서 감사합니다.

우리 딸 태어나기 전에 많은 사람들에게 기도 받으며 세상에 나오게 하시니 감사합니다.

당연하게 여겨지고, 무심코 지나쳤던 모든 것들이 감사할 일이라는 걸 깨닫게 하시니 감사합니다.

한 걸음. 한 걸음. 부부가 함께 주님을 느끼며 기도하게 하시니 감사합니다.

내 삶 속에서 주님을 간절하게 찾을 수 있게 하시고 하나님께 영광 돌리게 하시니 감사합니다. 감사하고, 또 감사하며 이 시간을 이겨내고 있음에 감사합니다.

배 속에 있는 아이를 위해 하나씩 찾아가며 쓰기 시작했던 감사는 나의 마음을 토닥이고, 진정시켜 주기에 충분했다. 억지로 시작한 절망 속에서 찾아낸 감사는 진심으로 마음에서 우러나오는 감사로 끝맺음 할 수 있었다.

9

성장하는 엄마

마흔 살이 되어 갈 무렵부터 공부가 재밌어지기 시작했다. 학교 다닐 때에도 그렇게 좋아하지 않던 공부가 왜 이렇게 재미있을까. 몰랐던 것을 알아가는 시간이 좋았다.

"지금 꿈 같은 소리 할 때야? 현실을 좀 봐. 그게 돈이 돼?"

"그래서 뭐? 이걸 하면 뭐가 바뀌는데? 무슨 의미가 있는데?"

배움에 대한 열정이 큰 내가 지난 일 년 동안 종종 듣던 말이다.

나는 군산교육지원청의 '배워서 나누자' 학부모교육을 통해 그림책지도사 3급을 수료하며 그림책을 통해서 다양한 감정과 삶을 나눌 수 있다는 것을 알게 되었다.

공감대화카드 연수를 통해서 카드 한 장으로도 아이와 소통의 길을 열어갈 수 있는 히든카드를 얻은 것 같았고, 학부모 독서모임과 그림책 스터디에 참여하며 독서의 중요성과 더불어 배운 것을 나누는 것에 대해 알게 되었다.

　나에게 주어지는 모든 환경이 선한 연결 고리가 되어 계속해서 이어지는 것 같았다. 작은 것에 의미를 두니 나에게는 더 깊은 의미가 생겼다. 이른 아침엔 서둘러 아이들을 등교시키고 나면, 도서관이나 평생학습관으로 향했다. 그냥 흘러가는 대로 지나갈 수 있었던 나의 시간들이 꽤 의미 있게 만들어지는 한 해였다. 내가 배우고 싶은 것을 배울 수 있는 좋은 기회를 만났고, 그 시간을 함께할 수 있는 친구도 만났다. 나이도, 직업도, 어느 것 하나 공통점이 없는 사람들과 '엄마'라는 공통 씨앗을 갖게 된 것이다.

　엄마라는 이름으로 스스로 마음을 쓰다듬고, 아이들을 쓰다듬어 주는 사람이 되자는 의미로 '쓰담쓰담'이라는 동아리 이름도 만들게 되었다. 내가 지은 이름이지만, 의미도 뜻도 너무 마음에 들었다. 나는 그 이후로도 마음을 울리는 그림책을 찾아보고, 아이들이 꼭 읽었으면 하는 그림책은 서로 정보 공유하면서 배움을 키워나갔다. 스스로가 '보람되다'라는 생각을 할 수 있는 일을 하게 된 것이다. 배우고, 성장하다 보니 마을축제 행사에서도 아이들을 위해 그림책을 읽어주고, 만들기 활동을 하면서 나눌 수 있는 기회도 갖게 되었다.

　"그림책 재미있어요", "책 한 번 더 읽어주세요."

내 아이는 아니지만, '엄마'라는 씨앗을 품고 있었기에 내 아이가 말하는 것처럼 기쁘고, 고마웠다.

"엄마가 행복하면 아이도 행복하다." 나는 이 말을 절대적으로 믿는 사람 중 하나다.

내가 행복할 때 그 행복이 자연스럽게 흘러나가는 것 같기 때문이다. 내가 행복한 일을 선택하는 것이 나에게 있어서는 진정한 소확행의 시작이었다. 소확행의 첫걸음을 떼며 공부하고, 성장하기 시작한 나는 '선한 영향력'이라는 말에도 마음을 빼앗겼다. 영향력을 줄 수 있다는 것도 좋지만 그 앞에 붙어 있는 선함이 근사하게 느껴졌다. 서로가 서로에게 영향을 줄 수밖에 없는 시대에 살고 있기에 난 '선함'을 선택했고, 내 선함은 목표가 되었다.

우연히 우리 동네 독립서점인 '조용한흥분색'에서 일주일 동안 글을 쓰기 시작했고, 글쓰기에 흥미를 느꼈다. 덕분에 글로성장연구소에서 연구원으로 날마다 감사를 찾아 짧은 글쓰기를 한다. 이 안에서 감사와 삶의 목표도 찾으며 선한 영향력을 끼칠 수 있는 일도 조금씩 알아갈 수 있었다.

삶에 있어서 우연은 없다. 끈기 있게 하다 보면 목표가 생기고, 그게 인생이 되는 것 같다.

계속해서 글을 쓰다 보니 '한길문고'에서 배지영 작가와 함께하는 1인1 책쓰기에 참여했고, 말로 표현하지 못했던 것들을 글로 쓰면서, 세상에 단 한 권밖에 없는 나만의 책을 만들었다.

좋은 엄마가 되고 싶은 마음 하나로 공부를 시작했는데, 그 과정 속에서 스스로를 존중하고 사랑할 줄 아는 엄마로 성장할 수 있었다.

나의 성장은 아직 끝난 것이 아니다. 주어진 시간에 충실히 살다 보면, 또 하나씩 목표가 생길 것이다.

나에게는 어떤 목표가 기다리고 있을까?

내 이름 석 자에 담긴 의미와 '엄마'라는 사명을 더욱 빛낼 수 있는 그 순간을 위해, 오늘도 나는 사남매 엄마의 길을 선택한다.

Part 3

엄마를 배우다

1

아이를 키우며 배운 배려

다다다다다다 다다! 아이들이 움직이는 소리 따라 내 마음도 두 근거리기 시작했다. 층간소음에 대한 문제가 사회적인 이슈로 주목받고 있는 요즘 우리 집은 아이가 넷이다. 층간소음에서 완전히 자유로울 수는 없다. 분명한 건, 혼자 크는 아이보다 훨씬 더 자주 뛰어다닐 상황들이 벌어진다는 점이다. 아이들이 순간순간 흥분해 뛰고, 큰 소리로 떠들 때마다 나와 남편은 늘 긴장했다. 아이들을 조용히 시키는 일이 쉽지는 않았지만, 그럼에도 내 마음은 조금 가벼웠다.

층간소음에 대해 마음이 가볍다니? 아이 넷 부모가 너무 뻔뻔한 것 아닌가? 생각할 테지만 우리 가족에게는 배려를 가르쳐주는 소중한 이웃이 있다.

어느 날 아래층 이웃과 인사를 나눴다. 아이들이 많아서 너무 시끄러울 것 같다며 죄송하다고 말씀을 드렸다.

"아이가 넷이나 있는데, 그 정도 소리만 난 거였어요? 괜찮아요. 너무 늦은 시간에만 주의하면 돼요."

그 말을 들으니 감사하면서도 죄송한 마음이 들었다. 우리를 배려해 주려는 진심이 느껴져서 어떤 식으로든 그 마음을 전하고 싶은 마음에 작은 선물로 기프티콘을 보내드렸다. 이어서 온 답변은 내가 보낸 선물을 받지 않겠다는 것이었다.

"아직까지는 아이가 통통거리는 소리조차 귀엽게 느껴져요. 가끔 좀 심하게 들리는 날엔 부모님이 외출하셨나 보다 생각하거나 손님들이 왔나 보다 생각하면 별거 아니던데요. 우리가 항상 고맙게 생각하고 있어요. 얼마나 주의를 주시면 아이 넷 있는 집이 이 정도일까 하고…… 그리고 쿠폰은 받지 않을게요. 늘 마음 졸이며 단속하며 사시는 분들에게 더 필요할 것 같네요. 저희는 이 정도면 윗집을 잘 만났다고 생각하며 사니까 오래도록 행복하게 살았으면 좋겠어요."

나는 이 문자를 그대로 아이들에게 읽어줬다.

"엄마, 뉴스에서 보면 층간소음 때문에 싸우기도 한다던데, 804호 아주머니 너무 좋으신 분 같아요."

"엄마, 우리 이제 집에서 꼭 슬리퍼 잘 신고 다닐게요."

"그래, 고마워. 너희가 조심하려고 노력하는 게 엄마는 참 고맙고 기특해. 우리 앞으로도 이웃을 위해 조금만 더 힘내 보자."

우리 가족이 이렇게 배려 깊은 이웃을 만나게 된 것은 다시 생각해도 감사할 수밖에 없는 부분이다. 아이들이 없었다면, 느껴보지 못했을 마음이기도 하다. 의도치 않게 이웃에게 피해를 줬지만 그마저도 마음 졸였을 것 아니냐고 말했던 이웃의 말이 아이들의 쿵쾅거림을 조금은 잠재울 수 있었다. 어느 집의 층간소음이 심하다한들 아이가 넷 있는 우리 집보다 더할까?

아무리 조용히 주의시킨다 해도 네 아이가 한 발자국 소리도 내지 않으며 천천히 조심스럽게 걸을 수 있을까? 절대 불가능한 일이다.

우리는 배려 깊은 이웃을 만나 조금은 덜 요란하게 아이들과 함께할 수 있었다. 아이를 키우며 배우는 배려는 내 마음에 감사함과 함께 더해진 마음이어서 더욱 선명하게 느껴진다. 오늘도 여전히 조심 또 조심을 외치지만 마음만큼은 편안하다.

2

아이에 대한 존중

"엄마! 우리 어린이날 뭐할 거야?"

"엄마~ 동물원을 다시 한번 다녀올까? 설마 작년처럼 비 오진 않겠지?"

10살 딸아이는 5월이 되기도 전에 어린이날 계획을 세우고 있었다. 매일같이 초록 창에 날씨도 확인하면서 어린이날 어떤 옷을 입을지까지 생각했다. 기다리던 어린이날을 앞두고, 딸아이가 울먹이며 볼멘소리로 말했다.

"엄마, 이번 어린이날에도 비 온대. 왜 맨날 어린이날만 비가 오는 거야?"

비는 언제든 올 수 있었지만 이날만큼은 비가 오면 안 되는 날이었다. 마트를 가거나 동물원을 가는 것 역시 다른 주말에도 할 수 있는 일이지만, 어린이날은 아이의 존재를 축하해 주는 생일만큼

이나 특별한 날이었기에 이날은 모든 것이 완벽하길 바랐던 날이기도 하다.

괜스레 설레기도 하고, 뭔가 엄청난 일이 일어날 것 같은 날.

손꼽아 기다리던 어린이날이지만, 평소와 비슷한 패턴의 하루를 시작했다.

제일 먼저 현관문을 나선 아이는 고등학교 2학년 큰아들이었다. 평범한 아침처럼 오전 10시에 학원으로 향한 아이는 오후 1시가 다 되어 돌아왔다. 시험이 끝난 중학생 둘째 아들은 PC방에서 마음껏 놀아보고 싶다며 점심을 먹자마자 나갔다. 이제 집에 남아 있는 건 진짜 어린이인 초등학생 딸과 5살 아들뿐이다.

갑자기 거세진 빗소리를 들으면서 이대로 나가도 좋을지 고민하고 있는 사이 딸이 말했다.

"엄마, 나 아까부터 몸이 뜨겁고, 목도 좀 아픈 것 같아."

급한 대로 손으로 이마만 만져보았을 뿐인데도 뜨겁게 느껴졌다. 아이 체온을 재보니 38.7이다.

"우리 나갈 수 있을까? 열이 나면 쉬는 게 좋을 것 같은데……"

진짜 어린이인 딸은 울상을 지었지만 해열제를 먹고, 열패치까지 붙이자 잠이 들었다.

'어린이날 비 오는 것도 속상한데, 아이한테 열 감기까지 오는

건 뭐야. 진짜 너무하네.'

내 마음속에 불평이 하나, 둘 집짓기를 하며 적막함마저 들게 하고 있을 때, 막내아들의 우렁찬 소리가 들렸다.

"엄마, 나 영화 볼 거야. 영화 보고 싶어."

'어린이날 집에서 영화라니⋯⋯.'

미안한 마음이 들었다. 아무것도 해줄 수 없어 불평만 늘어놓고 있던 나는 그저 5살 막내아들의 요구를 존중하며 들어주는 게 최선이었다.

컴퓨터 스위치를 켰다. 엄마가 스위치를 켠 것만으로도 기분이 좋은지 막내아들은 의자에서 발을 굴러댔다. 화면과 볼륨을 조절하고, 아이가 좋아하는 과일과 과자 몇 가지를 접시에 담았다. 아이 얼굴엔 점점 더 안정된 미소가 번지기 시작했다. 오렌지를 한 입 베어 물며 과즙이 흐르는 채로 아이는 말했다.

"엄마, 오렌지 맛있다."

내가 좋아하는 영화는 아니지만, 아이가 좋아하는 것을 함께한다는 것이 뿌듯했다.

빗소리가 커질수록 집 안에서 편안한 휴식을 취할 수 있다는 것이 감사했다. 눈치 없이 내리던 비와 갑자기 찾아온 열 감기 손님에 대한 불평이 감사로 바뀌고 나니 아이들에게 편안히 물어볼 수 있는 힘도 생겼다. 집 밖에서 일정을 마친 큰 아이들이 돌아오고 아이에게 물었다.

"얘들아, 오늘 어린이날인데, 우리 그냥 이렇게 집에 있어서 어떡하니?"

"괜찮아. 나는 그냥 영화 보면서 목욕을 좀 해야겠어."

"예은이가 아프잖아. 어쩔 수 없지. 난 오늘 저녁은 치킨 하나면 돼."

잠에서 깬 딸은 "나는 학교 일찍 끝나는 날, 엄마랑 단둘이 데이트하는 걸로 대신할 거야."

우리 집 아이들이 말한 것은 어린이날이 아니어도 할 수 있는 것들이었다. 하지만 그것을 말하는 아이들의 표정은 화창한 봄날처럼 맑았다.

아무것도 아닌 것이 특별해질 수 있는 이유는 무엇이었을까?

불평하는 마음을 품고 있던 순간에도, 나는 아이의 선택을 존중하는 마음만은 놓치지 않았다.

그 선택을 온전히 즐길 수 있도록 약간의 기다림을 더했고, 그 기다림의 과정을 통해 불평이 감사로 바뀌었다. 또한 각자 원하는 것을 좀 더 여유롭고, 편안하게 할 수 있었기에 특별함이 되었던 생각이 든다. 눈치 없이 내린 비를 탓하느라, 불평하는 마음으로 시작했던 어린이날이지만 그 덕분에 아이들의 소리에 더욱 집중할 수 있었던 시간이었다.

내 기준으로는 가장 속상했던 어린이날이었지만,

아이를 온전히 존중한다는 것이 어떤 의미인지 다시금 생각해볼 수 있는 날이었다.

하루가 저물 무렵, 아이에게 물었다.

"오늘 어땠어?"

아이는 망설임 없이 말했다.

"난 내가 하고 싶은 거 하면서 쉴 수 있어서 좋았어."

막내는 씩씩한 목소리로 말했다.

"행복했어."

어떠한 환경이나 상황에 이끌려 정해진 하루가 아니라,

스스로 선택한 하루는 아이에게 진짜 행복을 안겨주었다.

모두에게 똑같이 주어진 하루였지만,

각자의 방식으로 하루를 채워간 아이들을 보며

내가 끝까지 놓치지 말아야 할 마음 하나, 그 소중한 한 가지를 다시 품게 되었다.

3

'용서'라는 지혜

남동생이 중학생이던 시절에 안경을 쓴 채로 동급생에게 맞았던 일이 있었다. 안경은 산산이 부서졌고, 그 파편으로 눈가에 깊은 상처를 입어 꿰매야 했다.

"누나, 나 무서워."

수술실에 들어가기 전 떨고 있는 동생 손을 잡아주면서 동생의 두려움과 아픔이 그대로 전해졌다. 또래 간의 싸움도 아니었고, 일방적으로 동생이 맞았다는 사실에 용서할 수 없었다.

친정 아빠는 상황을 알아보기 위해 학교로 찾아갔다. 동생을 때렸던 아이의 여러 상황을 듣고, 아빠는 학교 측에 조용히 말했다고 한다.

"어떠한 처벌도 원하지 않습니다." 동생 눈이 실명 위기가 있었음에도 불구하고, 더욱 기가 막힌 것은 아이에게 "네 잘못이 아니

야.”라는 믿을 수 없는 말을 남기셨다는 것이다. 난 아빠를 이해할
수 없었다.

'보기도 아까운 내 동생을 때린 아이를 용서한다고?' 똑같이 해
주지는 못할망정 아무런 처벌도 원하지 않는다고 말하는 아빠가
몹시 밉기까지 했다.

솔직히 '아빠는 동생을 사랑하지 않는 건가?' 하는 생각도 잠시
스쳐 지나갔다. 그로부터 20년 가까이 시간이 흐르고, 엄마가 되
고 나서야 아빠가 품었던 용서가 삶을 살아가는 지혜였다는 것을
이제야 알았다. 그리고 그것이 아빠가 사랑하는 자녀와 누군가의
소중한 자녀인 두 아이 모두를 지켜주는 깊이 있는 용서였다는 것
을……

아이를 키우다 보니 내가 의도하지는 않았지만 여러 가지 좋지
못한 상황들에 놓이게 되는 경우가 있었다. 둘째 아이는 학교에서
이동 중에 뒤에서 갑자기 끌어안은 친구에 의해 화장실 벽에 머리
를 크게 다쳤고, 셔츠가 피로 흠뻑 젖을 만큼의 많은 양의 피를 흘
렸다.

셋째 딸아이는 어린이집에서 실습 교사가 업어주겠다고 하다가
아이를 놓쳐버려 그대로 바닥에 떨어져 머리를 부딪히는 사고도
있었고, 한 아이가 장난으로 던진 모기향 불씨에 큰아이의 신발이
녹아버리는 사고도 있었다. 우리 아이의 실수가 아닌 누군가의 부

주의로 인한 피해를 고스란히 입었음에도 불구하고, 상대방을 절대 용서하지 않겠다는 마음은 생기지 않았다.

이것은 내가 아이를 사랑하지 않기 때문도 아니었고, 더없이 착한 마음을 갖고 있기 때문도 아니었다. 내가 이렇게 우리 아이를 소중하게 여기는 것처럼 우리 아이에게 피해를 입힌 이 사람 역시 누군가의 소중한 사람이겠지 하는 생각이 내 마음에서 용서의 바람을 불러왔다.

내 아이가 잘 자라길 바라는 마음이 커질수록 누군가를 용서함에 있어서도 관대해질 수밖에 없었다. 용서하는 마음으로 세상을 살아가다 보니 이전보다 더 살기 좋은 세상으로 보였다.

용서한다는 것은 내게 어떤 의미였을까.

용서하고 싶다는 것은 사랑하고 싶다는 말이었다. 남자와 여자의 사랑이 아니어도 마음과 마음으로 응원하고 싶은 사이가 되고 싶을 때 나는 용서하고 싶었고, 사랑하고 싶어졌다.

용서하는 관계가 성립된다는 것은 과거든, 현재든, 앞으로의 미래든지 서로에 대한 마음이 있다는 기본 전제 아래 이뤄지는 것이라는 생각이 들었다. 과거에 아무리 큰 잘못을 했어도 현재에 충분히 애쓰는 모습을 보면서 불편했던 마음도 안정을 찾으려 노력하는 모습으로 돌아설 수 있었다.

마음을 다해 누군가를 용서할 때, 마음을 다해 사랑할 수 있게 되었다. 수많은 사건 사고들이 난무하는 세상이지만 우리 아이를 위해 더 좋은 세상을 불러오고 싶은 마음이 용서의 힘을 믿고 싶게 만들었다.

나부터 용서하며 살다 보면, 서로가 서로를 용서하고 이해하며 살 수 있는 날이 오지 않을까?

나 혼자라면 절대 직면하고 싶지 않은 순간도 '엄마'라는 이름으로 살다 보니 용기 내어 용서할 수 있게 되었다.

4

용기 있는 어른

오래전 과거에 대한 일들은 시간이 지났으니 괜찮다고 생각했던 적이 있었다. 그러던 어느 날, 부모교육 현장에서 어릴 적 과거 속의 슬픈 나와 마주하게 되었다. 행복함을 느낄 수 있고, 마음껏 축하 받아야 하는 생일축하 카드에서 떠오른 기억 하나.

내 생일 아침에 이혼하러 법원에 간다며 화장을 하고 있던 엄마와 그 모습을 하염없이 지켜봤던 어린 시절의 나. 그때의 기억이 너무도 생생하게 떠올라 마음이 찢어질 듯이 아팠다.

부모님이 현재 이혼하신 것도 아니고, 잘 살고 계시지만 그날의 기억은 내게 아픔이었다.

나와 우리 가족에게 도움을 주기 위해 최선을 다해 헌신하고 계신 부모님이 함께하고 있는데도 지난날의 어린 시절 속에서 힘들어하는 나를 보게 되었다.

강의를 듣고, 소감을 말하는 시간에 나는 어린 시절의 내가 되어 함께 교육받던 엄마들에게 이야기를 했다.

"어릴 적 우리 부모님은 자주 싸우셨고, 내 생일이던 어느 날 아침, 엄마는 아빠와 이혼하러 갈 준비를 하고 있다고 말했습니다. 마음속에는 '내 생일인데……' 이 외침을 하고 싶었지만 차마 입 밖으로 꺼낼 수 없던 말이었습니다. 그 후로 시간이 지났지만 매년 맞이하게 되는 제 생일 때마다 그때의 그 기억을 잊을 수가 없었습니다."

나는 더이상 말을 이어 갈 수 없어 교육장에서 울음을 터뜨렸다. 내가 우는 것을 보고, 다른 엄마들도 함께 울고, 위로해 주었다.

많은 사람들에게 축하를 받고, 즐거운 시간을 보냈던 생일도 있었는데, 나에게는 유독 그날.

마음껏 기뻐할 수도 없고, 행복함을 느낄 수도 없었던 내 어린 시절 생일이 기억에 남아 있었다.

부모님에게 꺼낼 수 없었던 말을 교육 장소에서 처음 만난 사람들에게 할 수 있었던 것은 더 좋은 부모가 되기 위해 모인 사람들이라는 확신이 나에게 용기를 줬던 것 같다. 좋은 부모가 된다는 것은 어떤 것일까. 용기 있게 말할 수 있는 사람이 되는 것도 그중 하나란 생각이 든다.

그날을 떠올리면 낯선 사람들 앞에서 말했다는 부끄러움도 있지만, 함께 울고, 위로해 주었던 부모 된 마음을 가진 사람들 덕분에 내 마음속에 남아 있는 상처가 조금은 치유된 것 같단 생각이 든다. 상처라는 것은 시간이 지나면 모두 잊히거나 완벽하게 치유되는 것은 아닌 것 같다. 직면하기 싫어도, 그 상처를 다시 한번 꺼내어 들여다보고, 그때의 나의 마음을 읽어주며 토닥여주는 시간이 필요하다는 것을 알게 되었다.

나는 이 경험을 통해 내 상처를 마주할 수 있는 용기 있는 어른이자, 용기 있는 엄마가 되었다.

힘들고 어려운 순간, 회피하거나 무리하게 강행하는 것이 아니라, 내가 할 수 있는 만큼 조금씩 용기를 내어 성장하는 진짜 어른이 되어가고 있다.

5

감정에 솔직한 엄마 되기

한 사람이 느끼는 감정에 대해서 옳고, 그름을 말할 수 없다는 것은 이제 분명히 알게 되었다. 감정은 잘못이 없다. 원하지 않는 방법으로 표현했을 뿐, 감정은 솔직하다.

나는 사실 감정표현을 한다는 것 자체를 나쁘다고 생각했던 것 같다. 감정을 숨기는 것이 배려라고 생각했고, 그게 모두를 위한 일이라 생각했다. 어쩌면 이것은 내가 스스로 선택한 것이 아니라, 학습되어 자랐고, 대물림되어 왔다.

엄마의 엄마, 할머니의 엄마, 거슬러 올라가다 보니 그 답이 보였다. 엄마만 생각했을 땐 답이 없었다. 그저 싫었고, 원망스러웠다. 왜 그렇게 표현할 수밖에 없었는지 미련하다 생각했다. 엄마의 표현이 강해질수록 나는 더더욱 내 감정표현에 대한 잣대를 더욱 굵게 그어나갔다.

우는 것도 창피한 일이며, 화내는 것도 무식한 일이고, 웃는 것도 바보 같은 일이라는 생각이 들었다. 모든 감정표현에 대해 자로 잰 것처럼 반듯반듯하게 기준점에 있기를 바랐던 것 같다. 어떤 사람을 만나든 백지상태에서 시작할 수 있는 감정을 유지하며, 그 사람에게 기준을 맞추어 나의 감정이 따라갔다.

그렇게 30년을 넘게 살다 보니 착한 딸, 착한 며느리, 착한 사람이 되어 있었다. 속은 곪을 대로 곪았고, 착한 엄마는 될 수가 없었다.

내가 아무리 쏟아붓는다 해도 나를 떠나지 않을 대상인 힘없고, 약한 우리 아이들에게 나의 감정들은 흘러가기 시작했다. 그렇게 흘러간 감정의 소용돌이 속에서 아이와 함께하고 있는 또 다른 내가 보였다. 내가 물려받았던 감정들은 더욱더 커져서 나의 소중한 아이가 감당할 수 없을 정도의 크기가 되어 간다고 느껴졌다. 아이가 짊어지고 있는 감정 쓰레기통을 보고 있으려니 내 삶의 무게도 보였다. 아이가 갖고 있는 감정 무게뿐만이 아니라, 3대를 거슬러 올라간 감정 화산을 발견하게 되었다.

나는 우선 내 아이에게 무차별적으로 버렸던 내 감정들을 하나씩 수거하기 시작했다.

"초등학교 1학년 때, 네가 학교 앞에서 울었잖아. 엄마가 출근 시간 핑계로 화내고, 소리 지르면서 널 그냥 놓고 와서 미안해. 사실 엄마도 그날 출근하면서 많이 울었어. 엄마가 정말 미안해."

10년도 더 지난 일인데, 뜬금없이 꺼낸 초등 입학 이야기로 아이에게 사과하는 시간을 가졌다. 정말 미안했던 마음을 담아 이야기를 하다 보니 나도 모르게 눈물이 났고, 아이에게도 내 진심이 전해졌다. 아이는 조용히 말했다.

"엄마도 그때 그렇게 속상해서 울었을 줄 몰랐어. 이제 괜찮아. 마음에 담아두지 마."

매년 3월, 초등학교에 입학하는 아이들을 볼 때마다 큰아들의 초등 시절이 떠올라 가슴을 치며 후회하곤 했다.

그날 내 행동에 대한 미안함, 그리고 끝내 전하지 못했던 마음을 이제야 조심스럽게 꺼내어 전하고 나니, 오늘 웃고 울며 또 하나의 소중한 추억이 우리 사이에 쌓이게 되었다.

물론, 이렇게 아름답게 정리되지 못할 감정들도 많이 있다는 건 잘 알고 있다. 하지만 내 부모, 내 아이, 우리 가족에게만큼은 감정 쓰레기를 주지 않았으면 좋겠다.

시시콜콜한 이야기를 담더라도 내 마음과 감정들을 제대로 표현해서 온전히 전달되었으면 한다. 우리가 서로 사랑하는 만큼 가족들에게는 더 크게 더욱 단단하게 겹겹이 쌓여서 대물림이 되고 있으니 말이다.

내가 사랑하는 아이는 넷이다. 그리고 나를 더 많이 사랑해 주는 아이 역시 넷이다.

나는 존재 자체만으로도 사랑을 샘솟게 하는 아이들이 있기에
내 사랑이 잘 흐를 수 있도록 감정골짜기를 매일같이 들여다본다.

6

잊을 수 없는 실수

셋째 딸이 태어난 지 한 달 무렵 찬바람이 불기 시작하면서 아이들이 감기에 걸렸던 적이 있었다. 6살 아들이 코를 훌쩍거리기 시작했고, 하루 이틀 지나니 면봉 하나가 들어가지도 못할 작은 콧구멍에서 맑은 콧물이 나오기 시작했다.

동네 소아과에 예방접종을 하러 간 김에 의사 선생님께 증상을 말했더니, 더 심해지기 전에 콧물 약을 조금 먹이면 좋겠다는 말을 들었다. 6살 아들도 감기약을 처방받았고, 셋째 딸아이도 콧물 약을 처방받아 집으로 돌아왔다.

생애 처음으로 약을 먹는 딸아이는 달콤한 시럽 맛이 신세계였는지 약을 먹이는 것은 순조롭게 이뤄졌다. 다만 분유를 먹고 트림할 때 소화가 덜 이뤄지면 분수토를 하는 시기였기 때문에 그 부분을 잘 조절해서 약 먹는 시간을 정해야만 했다. 아이는 3~4시간마다 한 번씩 분유를 먹어야 했고, 약은 8시간마다 먹을 수 있었다.

　해가 뜨기도 전에 약을 먹어야 했던 때가 있었는데 수유등만 켜져 있는 방에서 조그마한 약병을 잡았다. 딸아이에게 천천히 약을 먹이기 시작했고, 아이는 약을 먹곤 내 품에서 잠이 들었다. 다음 날 아침 6살 아들은 나를 흔들어 깨웠다.

　"엄마, 엄마! 내 약 어디 있어?"

　졸린 눈을 비비며 아이에게 어젯밤에 덜어놓은 약의 위치를 말해 줬다.

　"응? 탁자 위에 엄마가 담아놨어. 엄마가 먹여줄게."

　"없는데? 탁자에는 이것밖에 없었어." 아이는 빨간 시럽이 반쯤 담긴 약병을 보이며 나에게 말했다. 약병이 흔들리는 것을 본 순간 나도 모르게 그 자리에서 괴성을 질렀다.

　"어머! 어떻게 해. 네 약을 예은이 먹었나 봐. 어머. 큰일 났다."

　10년 넘게 어린이집 교사였고, 두 아이를 키우면서도 약 실수를 한 번도 해본 적이 없는데, 정말 말도 안 되는 실수를 하고 말았던 것이다.

　나는 곧장 딸아이에게 가서 아이의 상태를 살폈다. 아이는 아무 일도 없다는 듯이 환하게 웃어주고 있었지만 한쪽 다리는 심하게 떨고 있었다. 처음으로 보게 되는 아이의 다리 떨림 증상은 나를 그 자리에 얼어붙게 만들었다. 한 치의 망설임도 없이 소아과로 향했고, 일시적인 약물 과다복용 증상으로 다리 떨림이 있을 수 있단 사실을 알게 되었다. 괜찮을 거란 이야기를 들었음에도 내 심장은 계속해서 두근거렸다. 아이 다리가 떨릴 때마다 내 가슴도 함께 찢기며 떨리고 있었다.

소아과에 다녀와서도 진정되지 않는 마음은 맘카페에 수시로 들어가보며 다른 엄마들도 나와 같은 일을 겪었는지, 정말 시간이 지나면 괜찮아지는 건지 확인하고, 또 확인하며 진정시키려 했다.

다행히 아이는 약을 먹은 지 12시간이 좀 지나자 떨림 증상이 완전히 사라졌지만 이렇게 말도 안 되는 실수를 한 나를 용서할 수가 없었다.

이날 이후로 나는 가끔씩 생각하곤 했다. 내가 잘못 먹인 약으로 인한 증상은 12시간이 지나서 말끔히 사라졌지만 아이가 자라는 동안 나와 함께하며 느끼고 있는 수많은 생각과 감정은 얼마나 오랜 시간 아이에게 머물러 있을까. 아이에게 그것은 어떤 영향을 주고 있을지, 이것 또한 내 가슴을 두근거리게 했다.

지금도 아이에게 실수하지 않으며 잘 키우고 있는지 스스로 점검해 보지만 이러한 질문과 자기성찰이 계속될수록 자꾸만 작아지는 내 모습 역시 감출 수가 없다.

Part 4

흔들리지 않는
엄마

1

부모만이 느낄 수 있는 마음

오랜만에 초등학교 운동회에 참석할 수 있었다. 아이들의 열심이 느껴지는 순간들이었기에, 모래바람 속에서도 눈을 여러 번 깜빡이며 그 장면들을 놓치지 않으려 애썼다. 운동회의 꽃이라 말할 수 있는 청백계주 시간도 눈을 크게 뜨고 관람했다. 계주를 준비하는 선생님들과 아이들의 움직임을 보면서 코로나 이후 함께하는 이 자리가 소중해서 뭉클함이 올라왔다.

관중석 아이들과 트랙을 돌고 있는 아이들이 혹여나 부딪히는 사고가 있을까 선생님들은 적당한 거리를 두며 두 팔을 벌려 트랙과 관중석을 구분 지었다. 학부모석에 앉아 있던 부모님들도 일어났고, 부모님들 역시 안전한 계주가 될 수 있도록 협조하는 모습을 보였다.

내가 눈여겨보게 된 장면은 고학년 아이의 달리기였다. 학교에서 제일 큰 아이들인 6학년 학생들이 달리기를 하는데, 아버지 한 분이 함께 뛰기 시작했다.

아이는 안전한 트랙을 뛰고 있었고, 아버지는 경기 마감을 위해 정리 중인 매트를 넘고, 기구를 넘고, 통나무 막대를 뛰어넘어서 얼굴이 발개진 채로 달리고 있었다.

아이는 친구들의 환호를 받으며 뛰느라 얼굴에 옅은 미소가 번지고 있었지만 아버지는 빠르게 쉬어대는 숨소리가 운동장 끝까지 들리는 것처럼 헐떡거리며 뛰고 있었다. 아들이 다음 선수에게 바통을 넘겨준 것을 확인한 순간, 아버지는 모든 긴장이 풀린 듯 자리로 돌아와 바닥에 털썩 주저앉았다.

그 모습을 보며, 하루하루를 열심히 살아가는 우리들의 부모님 모습이 떠올랐다.

아이 하나 바라보며 자신 앞에 있는 갖가지 장애물을 뛰어넘고도 결승선이 아닌 관중석으로 향했던 아버지. 아무도 그 아버지에게 같이 뛰어야 한다고 말한 적 없지만 아버지는 뛰었다.

누가 시켜서 한 것도 아니고, 그렇게 해야 한다고 배운 적도 없다.

각자 주어진 상황에 맞게 최선을 다하며 살아가고 있는 게 부모라는 생각이 들었다. 그 마음을 다 알 수 없어서 어느 한 가지만이 정답이라 말할 수 없다. 어떤 사람은 관중석에서 응원하는 것이 부모의 역할이라 하고, 또 어떤 사람은 함께 뛰어주는 것이 진짜 부모의 역할이라 말한다.

부모 역할엔 정답이 없는 것 같지만, 어쩌면 무수히 많은 정답이 존재하는 관계가 바로 부모와 자녀 사이란 생각이 든다.

섣불리 옳고, 그름을 판단할 수 없는 관계. 한 사람의 희생만으로는 절대 건강한 관계가 될 수 없는 사이를 부모와 자녀 사이라 말하고 싶다.

우리 아이들도 성향은 비슷하지만 각자 개성이 뚜렷하다. 나는 아이들과 어떤 관계로 살아야 할지 아이 넷을 키우면서 매번 다른 부모 마음을 느끼게 된다.

작은 것 하나도 놓치고 싶지 않아 섬세하게 들여다보고, 더 가까이 다가가고 싶은 부모의 간절한 그 마음에 나도 모르게 스며들고 있다.

2

비가 와도 걱정 없는 사남매

나는 '함께'라는 말에 안팎으로 강하게 중독되어 있었다. 어릴 적 온 가족이 함께하는 시간이 적었기 때문에 내가 엄마가 된 이후에는 아이들과 모든 것을 함께하기를 원했다.

나 혼자 무언가를 한다는 건 생각할 수도 없었고, 가족들이 집에 있는 주말엔 누군가와 약속을 정하는 일은 더더욱 있을 수 없는 일이었다.

내게는 유독 '엄마의 빈자리'가 크게 느껴졌다. 내가 느꼈던 빈자리를 우리 아이들이 느끼는 것이 너무나 싫었다. 손톱 끝에서 피가 나도록 물어 뜯어내며 엄마에 대한 그리움을 이겨내고자 했던 나의 어린 시절을 떠올리고 싶지 않아서 그와 비슷한 상황이 오는 것이 싫었다.

그랬던 내가 워킹맘이 되었다. '엄마의 빈자리'라는 이름표 하나를 아이들에게 붙여놓으며 늘 미안하고, 죄책감만 가득한 엄마로 지낼 수밖에 없었다.

아이를 낳고 기르며 엄마인 나도 함께 성장하고 난 후에야 미안한 마음을 조금은 덜어낸 행복한 워킹맘이 되었다.

비 오는 날 오전 9시, 우산을 챙겨가지 못한 우리 아이들이 끝날 시간엔 제발 멈춰야 한다며 조마조마한 마음으로 출근을 했다. 시간이 흐를수록 빗줄기는 더욱 거세졌고 심지어 운전을 하는데 앞이 보이지 않았다. 그 순간 내가 걱정했던 건 단 하나다.

'우리 아이들 우산 없을 텐데…… 어쩌면 좋을까?'

사실 학교에는, 갑작스런 비에 우산이 없는 아이들을 위해 '양심우산'을 비치해 둔 곳도 있다. 필요할 때 사용하고, 다시 제자리에 돌려놓는 약속으로 운영되는 우산이다.

오늘 같은 날 아이가 양심우산을 썼다고 말해 주면 좋으련만 오후 1시가 되자 전화가 왔다.

"엄마, 비가 너무 많이 오는데? 나 어떻게 해?"

일하면서 내 아이에게 듣는 가장 곤란한 한마디를 꼽아 말해 보자면 바로 이 말이다.

"엄마! 나 어떻게 해?"

그럴 땐 나도 묻고 싶다. "저 어떻게 해야 할까요?" 비가 온다고 당장 아이를 데리러 나갈 수도 없고, 비 오는 날 내 아이를 위해 나를 대신하여 학교 앞에서 기다려줄 사람도 없었다. 큰 아이들을 키울 땐 엄마가 못 챙겨줘서 미안하다고 그냥 집으로 뛰어가라고 말한 적도 있다.

"예찬아, 천천히 조심해서 빠르게 뛰어가 봐."

천천히. 조심해서. 빠르게. 뛰라. 지금 생각해도 참 말도 안 되는 요구를 했던 엄마인 것 같다. 우산을 전달받을 길이 없었던 큰아이는 빗속을 달려가기도 했고, 자신은 비를 맞고 갔지만 동생을 위해 다시 우산을 들고 집 밖으로 나온 적도 있었다. 한꺼번에 몰려든 미안함과 고마움.

워킹맘이라면 누구나 한 번쯤은 마주했을 감정일 것이다.

다행히 큰아들이 집에 있었다.

"예찬아, 지금 밖에 비가 오는데, 예은이 우산이 없어. 네가 연락해서 우산을 전해 주거나 데리러 다녀올 수 있을까? 엄마 이제 전화 받기 곤란하니까 부탁 좀 할게."

아들 대답을 들을 시간도 없이 전화를 끊었다.

'우산을 가져다줬을까? 우산 썼으니까 다시 연락이 없는 거겠지? 다시 확인 전화를 하면 보채는 게 될 것 같기도 하고, 아이들에게 전화해 볼 여유도 주어지지 않았다. 딸아이가 학원 끝날 무렵이 되어서야 아이에게 물어볼 수 있었다.

"딸, 비 와서 어떻게 했어?"

"엄마! 큰오빠가 학교로 우산 가져다줬어."

"그랬어? 잘했네. 오빠가 학교로 와서 기분 좋았겠네?"

"응~ 오빠한테 고맙다고 말했어."

큰아들과 8살 차이가 나는 딸은 오빠가 가져다준 우산이 자기가 제일 좋아하는 우산이었다며 오빠가 어떻게 그걸 알고 가져다줬는지 모르겠다고 재잘재잘 쉬지 않고 말했다.

내가 우산을 챙겨줬을 때보다 더 기분이 좋아 보이는 건 사이좋은 남매가 되었으면 하는 내 바람 때문일까? 평소보다 한껏 들뜬 딸아이 목소리가 느껴졌다.

이날 이후 딸아이는 우리 가족을 위한 매일 아침 기상캐스터가 되어 줬다.

"아빠, 오늘 오후에 비 온대. 우산 챙겨야 해."

"엄마, 큰오빠 우산 챙겨갔을까? 비 맞으면 감기 걸릴 텐데……."

"형은 내가 갖다줄게."

엄마의 손이 닿지 못할 때에도 서로를 챙기는 아이들을 보며 기특한 마음이 든다. 인생 속에서 거센 비가 몰아쳐도 아이들에게 더 이상 '엄마의 빈자리' 때문이라는 이름표는 만들지 않을 것이다. 넷이나 되는 우리 아이들은 서로 부딪히고 깎이면서도 한 사람의 존재 자체를 인정하고, 존중하면서 성장하고 있다. 각자에게 필요한 빈자리가 보이지 않도록 서로 채우면서 말이다.

나는 내게 없던 빈자리만을 탓하며, 모든 실패의 원인과 결과를 그 자리에 쌓아두고 있었다. 그 자리를 대신하고 있던 수많은 손길이 있었음에도, 나는 그것을 깨닫지 못했다.

빈자리에만 집중하다 보니, 그것을 채우기 위해 더 많이 수고했을 사랑과 헌신을 보지 못했다. 눈에 보이지 않는다고 해서 사랑하지 않았던 게 아니라는 걸 알면서도, 나는 그것을 애써 부정하려 했다.

나를 향한 자기연민에 빠져 허덕이다 보니 진짜 사랑을 볼 수 없었다.

잠시 비워둔 자리라 할지라도, 사랑은 남아 있었다.

나는 이제 더 이상 '빈자리'라는 마음의 돌덩이를 갖고 있지 않기로 했다.

함께하지 못했어도 분명 존재하고 있었고, 표현하지 않았어도 사랑은 흐르고 있었다.

'나'로만 살았다면 알지 못했을 이 빈자리에 대한 깨달음은, 엄마로서 진짜 어른으로서 잔잔한 사랑을 나누며 살아갈 수 있는 힘이 되어주고 있다.

3

함께하는 사랑

"잘 잤어? 몸은 좀 어때? 괜찮아?"

"아니. 이상하게 온몸이 아프네. 컨디션 회복이 안 되는 것 같아."

"그냥 쉬어. 오빠가 돈 많이 벌어올게. 오빠 믿어."

남편 말을 듣고 텅 빈 베란다가 울리도록 크게 웃었다.

"말이라도 고마워. 우리 오빠가 최고네. 병원 갔다가 출근할게. 잘 다녀와."

나는 조금만 신경 쓰는 일이 생겨도 목에서부터 온몸이 반응하는 사람이다. 이 정도 예민함이면 삐쩍 마른 여인이 되어 있어야하는데 현실은 그렇지 않다.

예민함과는 다르게 나는 어떤 일이든 감싸줄 수 있을 것 같은 후덕한 여인의 모습이다. 거울에 비친 내 모습을 보고 있노라면,

"나 오늘 컨디션이 좀 안 좋아."라고 말하는 게 미안한 마음이 들 정도다.

이번에도 수학여행 간 큰아들이 아프단 소식에 전화로 엄마 노릇 하느라 걱정지수가 높아져 있었다. 아이가 손에 약 봉투를 쥐어 들었단 말을 들을 때까지 조마조마한 마음을 멈출 수가 없었다. 멀리서 아파하는 큰아들을 토닥이고 나니, 옆에 있던 셋째 딸이 발갛게 달아오른 얼굴로 터벅터벅 걸어왔다.

"엄마~ 나 머리도 아프고, 열이 나는 것 같아."

체온 체크를 하고 난 후, 곧바로 소아과로 향했다. 아이가 진료 보는 사이 내 손끝과 발끝에서도 찌릿찌릿함이 느껴졌다.

'진료 볼까? 말까? 에이~ 잠시 신경 써서 그런 건데, 뭘 진료를 봐. 열 안 나니까 괜찮겠지.'

진료를 안 봐도 되는 타당한 이유를 찾아내곤 아픈 아이 손만 잡고 나왔다. 나는 이때라도 다시 병원에 갔어야 했지만 '집에 남아 있는 약 있겠지.' 애써 또 다른 이유를 찾았다.

집으로 돌아와 약 봉투를 뒤적거렸다. 종종 비슷한 증상으로 아픈 터라 예전에 먹다 남은 약이 있을 것 같았다. 가장 최근 날짜 약을 입속에 털어 넣었다. 약 기운이 온몸에 퍼지기 전에 바로 노트북 앞에 앉아서 하고 싶은 말들을 늘어놓았다.

마지막 남은 정신력으로 오롯이 내가 할 수 있는 일의 마침표를 찍고 나서 방으로 들어갔다.

나머지 집안일은 남편에게 부탁했다. 솔직히 말하면 부탁이 아니라, 강제로 넘긴 것이다.

아이들이 간식 먹은 흔적들과 도시락. 우리 5명이 저녁밥 먹느라 꺼낸 밥그릇 국그릇만 10개. 이제 막 세탁을 마친 세탁물과 건조기 작동시킨 세탁물 정리까지 모두 남편의 몫이었다.

여섯 식구의 생활이 그대로 담겨 있는 옷들은 얼마나 많은지. 간단하게 수건만 하루 12장이다.

남편은 머리카락 한 가닥이 보이면 청소기부터 작동시키는 사람이라 세탁물 정리 후, 거실 청소까지 해야 하니 혼자서 몇 시간을 집안일로 정신없이 움직였을 것이다. 그런데도 오늘 아침 인사말이 일하지 말고, 그냥 쉬라고 한다.

'이 사람 왜 이러지?'

넷째 임신 소식에 죽어서도 일해야 한다고 협박하던 그 옛날의 남편이 아니다. 나의 애씀을 알아주고 있는 것 같은 한마디를 듣고 나니 진심이든 진심이 아니든 "오빠 믿고 쉬어."라는 말에 마치 억만장자의 아내가 된 것 같았다. 사실 마음만큼은 이미 억만장자의 아내가 부럽지 않은 부자였다.

남편과 나는 평범한 직장인이다. 이런 우리가 평범하지 않은 것이 하나 있으니 그것은 바로 아이가 넷이란 것이다. 보통 사람인 우리가 아이 넷을 키우기 위해서는 남들보다 두 배? 세 배는 열심히 일해야 한다. 하나 키우기도 힘들다는 세상에 겁 없이 아이를 넷이나 낳았으니 "돈, 돈, 돈" 하며 살아도 그 누구도 우리에게 손가락질하지 못하는 상황이다. 오히려 우린 아이가 하나일 때 더 간절하게 돈을 좇아 일을 했던 것 같다. 동의하고 싶지는 않지만 아이를 낳을 때에도 마음이야 어떻든 축하보다 돈이 먼저라 말했던 남편이었다. 지금도 돈을 벌기 위해 일을 하는 것이지만 이것이 전부는 아니다.

하나, 둘, 셋, 넷. 선물 같은 우리 아이들을 키우면서 느끼게 되는 건 돈만 있어서 아이를 키우는 게 아니라, 우리 부부가 하나 되어 서로의 마음을 알아주는 것. 그게 제일 먼저였다.

돈이 많아도 내 마음 몰라주는 사람과 평생을 살아야 한다면 지옥 같을 것이다.

내가 돈 많은 부자의 아내는 아니지만, 마음 부자 아내가 될 수 있었던 것은 남편 역시 아이를 키우며 마음이 풍성해졌다. 아이들이 건강하게 자라는 것이 당연한 것이 아니고, 우리 부부가 마음 맞아 잘 살 수 있는 것이 당연한 것이 아니라는 것을 알았다. 서로가 서로를 위해 애쓰고 있음을 알아주고, 표현하며 우리 가정에 주어진 것들에 대한 작은 감사가 삶의 나침반이 되었다. 물론, 아이들이 잘 자라기 위해서는 경제적인 환경도 중요하다. 하지만 내가 더 진심을 다해 주고 싶은 것은 상대방을 아끼는 마음과 그것을 감사로 받을 줄 아는 태도다.

내가 아이를 넷이나 낳을 수 있었던 것은 돈이 많아서도 아니고, 체력이 좋아서도 아니다.

불퉁거리긴 하더라도 나를 존중해 주고, 사랑해 주는 남편이 있었기에 가능했다. 어쩌면 '함께'라는 힘을 믿었기 때문에 가능했던 것 같다.

우리 집의 주말 저녁 풍경은 바쁘게 움직이며 고기를 굽는 남편과 그 옆에서 비빔면을 끓이며, 막내 밥을 먹이고 있는 내 모습이 그려진다. 막내 옆에는 셋째 딸이 앉아 있다.

"골고루 먹어야 튼튼해지지. 이거 먹고 나면 누나랑 같이 놀자." 친절하게 말하는 예쁜 딸.

그리고 그 옆에는 사춘기 두 아들이 앉아 각자의 주장을 펼치기 시작한다.

"이젠 네가 혼자 먹어야지", "네가 먹여주려 하니까 안 먹는 거야." 막둥이 녀석의 식사 문제로 티격태격하며 미운 정 고운 정을 나눈다. 투덕거리는 아이들 소리에 난 그저 웃고 만다. 아이들 각자의 주장을 듣고 있자면 그럴듯한 주장들이다. 그럼에도 내가 아무 말 하지 않는 것은 이러한 것들을 표현하는 이면에는 가족에 대한 관심과 사랑이 있다는 것을 알기 때문이다.

첫째와 둘째를 키울 때 둘 다 아들이다 보니 매일같이 싸우던 때가 있었다. 정말 심각하단 생각이 들어서 아들에게 조용히 물어봤다.

"주찬아, 형이 싫어서 그러는 거야?"

"엄마, 싫어하면 아예 말을 안 하는 거야. 우리 둘 다 관심이 있으니까 싸우기도 하는 거고…… 나는 형 좋아."

짧은 대화였지만 아이의 진심 어린 마음이 느껴져서 고개를 끄덕였다.

항상 좋을 수는 없지만 그럼에도 불구하고 서로를 떠올리며 함께하고자 하는 마음을 갖게 되는 첫 번째 관계는 가족이란 생각이 든다. 각자 삶에서 나를 사랑하는 최선의 삶을 살고, 그 최선이 모여 더 큰 의미의 '함께'를 살게 한다. 함께하다 보니 내가 사랑이라 느끼지 못했던 어릴 적 순간들도 다시금 사랑으로 재해석된다. 진짜 사랑을 바라보는 시선을 알게 되는 것은 사람과 사람이 만나 결혼을 하고, 다시 또 새 생명이 태어나 그 생명을 잘 키워내며 모두가 가족이 되어 가는 과정에서만 느낄 수 있는 고유한 영역이란 생각이 든다.

4

감사한 해고

어린 시절 교회 주일학교에서 보조교사를 했던 나는 아이들과의 만남이 즐거웠다.

중학교 때부터 유치원 선생님이 되는 꿈을 꿨고, 대학 졸업 후에는 곧바로 어린이집 교사가 되었다. 출산휴가와 육아휴직 기간을 제외하곤 3곳의 어린이집에서 14년 동안 아이들을 돌보며 가르쳤다. 이것이 나의 천직이며, 다른 일을 한다는 것은 생각을 해본 적이 없었다. 아이를 안아줄 힘이 있을 때까지 선생님으로 남고 싶었다. 그런 내가 어린이집을 퇴사했다.

일하면서도 큰 아이들은 얼마든지 토닥이며 초등 입학도 잘 했었는데, 이전과 다르게 두 마리 토끼를 모두 잡을 수는 없을 것 같았다. 섬세한 마음을 갖고 있는 딸아이의 입학은 염려스러웠다. 아이에게 가장 중요한 초등 입학 3월은 어린이집 교사인 나에게도

일 년 농사를 결정짓는 중요한 시기였기에 나는 용기를 내어 힘든 결정을 했다.

"원장님, 셋째 딸이 초등 입학을 앞두고 있어서요. 내년에는 육아휴직을 해야 할 것 같아요."

"그래요? 우리 좀 더 이야기를 해봐요."

"원장님, 육아휴직 처리는 가능한 것이지요?"

"선생님, 조금만 기다려요."

휴직 이야기는 12월에 시작했는데, 원장님은 대답을 회피했다.

그러던 어느 날 해가 바뀐 1월에 평생 동안 받아보지 못했던 편지 한 통을 받았다.

[아래와 같은 사유로 인해 2022.03.01 부로 해고 예고를 통지합니다.]

우체국에서 내용증명을 받은 '해고예고장'이었다.

나와 구두로 수차례 이야기를 했고, 조정을 해보겠다고 하셨는데, 서류로 답변을 받았다.

그날 이후, 서류를 앞세워 두 가지 조건이 제시되며 이야기는 이어졌다.

첫 번째 조건은 휴직기간에도 넷째 아이를 어린이집에 보낼 것과 휴직기간 동안은 퇴직금을 받지 않는다는 조건이었다. 이 조건을 받아들인다면 육아휴직은 가능했다.

엄마인 내가 집에 있을 건데 이제 갓 두 돌 지난 아이를 어린이집에 계속 보내야 하는 게 조건이라니 당황스러웠다.

대한민국에서 마음 편하게 육아휴직을 받는다는 것은 정말 대단한 공을 세워야만 받을 수 있는 것이었다. 내가 일했던 3곳의 어린이집에서 일하는 동안 네 명의 아이를 출산했고, 출산휴가와 육아휴직을 신청했지만 기분 좋게 육아휴직을 준 곳은 단 한 곳도 없었다.

내가 이렇게 말하면 누군가는 말했다.

"육아휴직 받는 게 그리 쉬운 줄 알아? 받은 걸 고맙게 여겨야지."

그렇다. 현실은 그랬다. 당연한 권리임에도 불구하고, 엄청난 피해를 주는 것처럼 괴롭게 만들었고, 마음을 힘들게 했다. 이런 현실 속에서도 아이를 키워야 했으니 일을 해야 했다. 내가 좋아하는 일을 하고 싶으니 꾹 참았고, 오랫동안 하고 싶었다.

나의 20대의 청춘과 30대의 열정을 다했던 어린이집에서 '해고예고장'을 받는 순간 허망했고, 가슴이 아팠다. 내가 그동안 아이들과 함께 웃고, 울며 지내왔던 모든 순간이 물거품이 되어 사라지는 것처럼 절망스러웠다.

사실 나에겐 이 일에 대응할 수 있는 자료들이 있었지만, 싸우지 않았다. 보기 좋게 꾸며진 거짓된 내용의 해고예고장 한 통으로 나는 해고를 당했다. 휴직이 아닌 해고는 나에게 큰 의미로 다가왔다. 더 이상은 노란 버스에 탈 수 없었고, 나의 지난 세월에 대한 사망선고가 내려진 것 같았다.

모든게 멈춰 버린 것처럼 힘들었던 시기를 지내고, 새 학기가 시작되었다. 초등 1학년 엄마가 되어 살다 보니 내가 모르고 살았던 세상 속의 또 다른 세상이 보였다.

생각보다 즐겁게 할 수 있는 일들이 많이 있었고, 내가 좋아하는 것들을 찾아 볼 수 있는 기회라는 생각이 들었다.

쉼 없이 달려왔던 끝없는 출근길 대신 틈틈이 부모교육 강의를 듣고, 글쓰기 수업을 가는 길도 걷게 되었다.

매일같이 쓰는 글이라곤 아이들 원아수첩의 '알림장'이었는데, 내게 보내진 편지 한 통 덕분에 이제는 내 마음을 만져주는 글을 쓰게 되었다. 멈추지 않았다면 절대로 알 수 없었던 것을 더 늦기 전에 느낄 수 있게 된 것이다. 믿기 힘든 폭탄 편지 한 통이었지만, 그 편지로 인해 내 인생은 이전보다 더 풍성해질 수 있었기에 '백지수표' 한 장 선물받았다고 감사하며 살기로 했다.

5

다시 태어나도 엄마

어느 날 문득 내가 다시 태어난다면 여자와 남자 중 누가 되고 싶은가에 대해 생각해 본 적이 있다. 나는 잠시도 고민할 겨를 없이 여자의 인생을 택했다.

단 한 번도 남자가 되고 싶다는 생각을 한 적도 없지만, 다시 태어나도 여자로 태어나고 싶었다. 내가 여자였기에 알 수 있고, 느낄 수 있었던 것들이 많았기 때문에 나는 선택할 수만 있다면 다시 태어나도 여자를, 그리고 엄마가 되고 싶다.

주말 아침 동이 트기 전부터 졸린 눈을 비비며 넷째 아들의 손에 이끌려 자동차를 찾아다녔다.

아이가 말했던 자동차를 찾았고, 아이들 손에는 사탕이 쥐어져 있었다. 아침부터 사탕이라니 예전 같았으면 절대 용납되지 않을 상황이지만, 셋째와 넷째여서 가능했다.

아이가 많아서 포기하듯 던진 말이 아니라, 적절한 제한선만 갖고 있다면 아이와 사탕 하나로 싸우는 것보다 한 걸음 뒤로 물러서서 기다릴 줄 아는 양육자로서의 지혜가 생겼다고 자신 있게 말하고 싶다.

첫째와 둘째를 키울 땐 아침에 일어나자마자 밥을 먹고, 엄마가 준비한 후식을 먹고 난 후에 본인들이 선택한 간식을 먹을 수 있었다. 그런데 그 시간이 너무도 길었다. "그만 먹여. 배고프면 다 먹는다니까. 네가 그렇게 먹이니까 애들이 더 안 먹는 거야."

쫓아다니며 밥을 먹이고 있는 모습을 보면서 남편은 나를 탓할 수밖에 없었고, 밥 먹이다 지쳐 어쩔 수 없이 그만 먹이는 때도 있었다. 그럴 때마다 내 마음은 깜깜한 지옥 창고에서 얼어붙은 그림자가 되곤 했다. 시간이 흘러 아이들은 자랐고, 아이들이 자라는 동안 나도 자랐다. 이전의 엄마가 아닌 좀 더 기다릴 줄 아는 엄마가 되었다. 아이들이 매일 아침 사탕으로 시작하는 것이 아니기에 하루쯤은 괜찮고, 사탕으로 시작한 아침이 있으면 엄마가 권하는 밥으로 시작하는 아침도 있었다.

"이럴 때가 있으면 저럴 때도 있더라." 너무 흔한 말이어서 와닿지 않았고, 무시하며 살았던 때가 있었다.

내가 정한 '때'가 '그때'이길 바라며, 억지로 끼워 맞추려 했다. 뭐든 억지로 하다 보면 문제가 발생하는 법이라는 것을 두 아이를 먼저 키우고 난 후에야 알았다.

　스물넷에 첫아이 엄마가 되고, 마흔이 넘어 네 명의 아이를 키우다 보니 이제야 깨달았다.
　한 명으로는 깨닫지 못하니, 아이가 두 명, 세 명, 네 명이 되어서야 이제 조금 깨닫고 있다고 이야기할 수 있게 되었다.
　그래서 난 다시 태어난다면, 나에게 기회가 주어진다면, 여자로 태어나 엄마가 되어 우리 아이들을 만나고 싶다. 마음의 여유가 없이 나의 때에 억지로 끼워 맞추듯이 키워낸 첫째, 둘째의 지난 10년이 미안하고 아쉬워서 지금처럼 기다려주는 엄마가 되어 아이들과 함께하고 싶다.
　물론 셋째와 넷째를 키우며 조금은 너그러워지고, 여유도 생겼다.
　그 덕에 사춘기를 지나고 있는 첫째와 둘째도 그 사랑의 온기를 함께 누리고 있다.
　하지만 문득 생각하게 된다.
　조금 더 서툴렀던 그 시절로 돌아갈 수 있다면,
　조금 더 따뜻하게, 조금 더 깊이 아이들을 안아주고 싶다고.
　다시 태어나도, 나는 주저 없이 우리 아이들의 엄마가 되고 싶다.
　다시 태어나도 네 아이의 엄마.

6

엄마도 그랬구나

글쓰기 수업 중 글로성장연구소 대표님이신 최리나 작가님이 내게 질문했다.

"언젠가 서점에서 내가 쓴 책을 본다면 어떤 느낌이 들까요? 한 마디로 적어볼까요?"

문맥이나 어휘 선택도 서툴렀던 나는 떠오르는 그대로를 적었다.

"이젠 내가 나를 낳았구나." 한 문장에 많은 것을 담고 싶었지만 그러시 못했다.

'내가 나를 낳았다?'

서툰 문장이지만 억눌렀던 나의 생각과 감정들을 모두 담아냈다는 뜻이었다. 꾹꾹 눌러왔던 나의 과거와 지난 상처들을 직면하기에 성공했다는 생각과 이제는 앞으로 나아갈 수 있을 거란 희망과 설렘이 떠올랐다. 그것과 동시에 나는 담아낼 수 있었지만, 이것들을 계속해서 품고 살아가고 있을 나의 사랑하는 가족들 얼굴이 스쳐 지나갔다.

"야야, 할머니 인생이 얼마나 기구한지 아니? 책으로 써도 몇 권은 나올 거야."

"할머니! 그럼 우리 책 만들자. 내가 할머니 이야기 쓸게."

"아이고, 우리 손녀딸이 써주기만 하면, 할머니는 그저 너무 좋지"

할머니의 삶도 가만히 떠올려보면 가슴이 아팠다. 아무것도 없는 집안에 시집와서 자녀들을 남부럽지 않게 키우려고 고군분투하셨을 할머니. 평범하지 않았던 결혼 생활을 지내는 동안 귀한 자녀들의 마음은 돌볼 수 있는 시간도 여유도 없었다.

할머니의 귀한 딸인 우리 엄마. 엄마는 마음이 섬세했다. 그 시절에 쉽게 볼 수 없는 섬세함이 있었고, 그것들을 감당할 수가 없던 할머니와 엄마는 서로 어긋날 수밖에 없었다.

"엄마는 할머니랑 같이 일하느라 공부할 시간도 없었어. 서른이 넘어서까지 제대로 글씨를 몰라서 괴로웠고, 누가 알까 봐 창피했었지."

"우리 엄마, 많이 힘들었겠네. 엄마가 글씨 모르는지도 몰랐어."

"내가 그래서 책을 보는 게 어려워. 그런데도 내 이야기를 좀 책으로 써보고 싶다."

"엄마, 써보자! 엄마가 말하면 내가 쓸게. 요즘 세상에 글 모르고 삼십 년을 넘게 사느라 마음고생했을 텐데…… 엄마 이야기가 딸이 쓴 책으로 나온다면 얼마나 좋겠어. 우리 꼭 해보자."

농담 반 진담 반으로 나누었던 이야기가 떠오르며 할머니와 엄마를 생각하니 내 눈가가 촉촉해졌다.

내가 처음으로 글을 쓰기 시작했을 땐 나에 대한 상처와 슬픔이 버거움으로 다가오던 순간이었다. 더 이상 버틸 수 없을 때 시작된 글쓰기는 오롯이 나 하나만 생각하며 썼던 글이었다.

글을 쓰다 보니 엄마를 만났고, 할머니를 만났다. 죽을 때까지 용서할 수 없을 것 같았고, 잊기 힘들 것 같았던 나의 상처를 직면했다. 내가 감히 이해할 수 없었던 상황까지도 받아들일 수 있게 되었다.

우리는 아이로 태어나 엄마를 만나고, 그 아이가 자라 엄마가 되어 또 다른 아이를 키우며 살아간다.

그러면서 비로소 서로를 바라보게 되는 것 같다.

혼자였다면 알지 못했을 많은 것들을 아이를 통해 알아가고, 이제야 가슴을 쓸어내리며 깊이 공감하게 된다.

"엄마도 그랬구나. 엄마도 아팠겠구나."

"너도 많이 아팠구나. 우리 딸 많이 아팠겠네."

나는 누가 더 많이 아팠는지를 말하고 싶은 게 아니다. 우리 모두가 아팠다. 지금까지 아팠다고 해서 내일도 아플 수는 없지 않을까? 한 번뿐인 인생을 아픔만 기억하며 끝내고 싶지는 않다.

가족이라서 오히려 더 이해할 수 없었던 시간들을 뒤로하고, 이제는 서로의 아픔을 보듬으며 끝까지 함께 걷는 사람이 되고 싶다.

되돌릴 수 없는 시간들이지만, 이제라도 마음을 내어 붙잡아본다. 상대의 어떠함 때문이 아니라, 그저 존재 자체만으로, 아무 이유 없이 함께 걸어갈 수 있는 가족으로 살아가고 싶다. 어떤 순간에도 오해가 아닌 '이해'라는 이름으로 다가설 수 있고, 그동안의 부족함과 실수조차 더 나은 삶을 향한 과정이었다고 믿으며, 어제보다 조금 더 가까이에서, 더 자세히 들여다보고, 더 깊이 사랑하며 함께 걷고 싶다.

오늘도 우리는 각자의 '엄마' 자리에서, '가족'이라는 사랑의 울타리를 함께 세워간다.

7

날 응원해 주는 이들

내가 엄마가 되기 전에는 끌려가는 삶을 살고 있단 생각을 했다. 대학을 졸업하고, 취업을 하고, 좋은 게 좋은 거라 여기며 누구나 살아가는 그런 인생을 살았다. 좀 더 정확하게 말하면 적당히 타협하는 삶을 선택하며 살았던 것 같다. 아이를 낳고, 아이들의 성장 과정을 직접 보고 느끼게 되면서 내 인생의 고민이 되는 순간에 늘 떠올렸던 게 있다.

'내 아이가 나처럼 살아간다면?' 이 생각을 하면서부터는 뭐든 지 좀 더 신중하게 결정할 수 있게 된 것 같다.

세상을 살아가는 데 규칙도 필요 없었다. '내 아이가 보고 있다. 듣고 있다. 그리고 이 모든 것을, 느끼고 있다.' 이러한 생각이 어제보다 더 나은 삶을 선택하게 만들었다. 누군가 나를 보고 있다는 것이 답답하고, 힘들게 느껴지는 일이라 여긴 적도 있었다.

시선을 바꾸고 나니 나를 감시하듯 보는 것이 아니라 나를 응원하고 있다는 사실을 알게 되었다.

내가 내 아이를 응원하듯, 아이도 나를 응원했다. 우리는 서로의 삶을 응원하는 관계가 되어 함께 성장할 수 있었다.

나를 이전보다 더 나은 사람으로 살아갈 수 있게 이끌어주는 힘은 바로 아이였다.

내게 와준 이 아이들은 모두가 똑같은 것만 주었을까?

돌이켜보면 삶의 순간에 따라 강도 조절을 하며 내게 찾아왔다. 첫째는 아무것도 모르는 내게 육아의 즐거움을 선사했다. 보고만 있어도 미소를 보여주며 웃어주었던 첫아이. 엄마가 처음이라 어떻게 키워야 할지 걱정했었는데…… 잘 웃고, 잘 먹고, 잘 자는 것만으로도 고마움을 느끼게 해줬다. 아이가 기본적으로 줄 수 있는 순함의 모든 것을 다 줬던 아이다.

둘째는 아이를 키울 때, 깊은 관심과 사랑이 필요하다는 것을 나에게 알려주었다. 진심으로 소통하는 방법을 가르쳐주었고, 그 덕분에 감정을 표현할 줄 아는 엄마가 될 수 있었다.

셋째는 '나'를 찾게 해준 아이다. 성별이 같아서인지 딸을 보면서 어릴 적 내가 떠올랐다. 정도 많고, 애교 많고, 질투도 많아서 잠들어 있던 엄마의 섬세함을 깨워준 아이다.

마지막으로, 우리 넷째는 믿을 수 없을 정도로 강력한 에너지를 가진 아이였다. 지금껏 경험하지 못한 육아의 신세계를 보여준 아이.

내가 넷째를 키우며 육아의 본질을 깨닫게 될 줄은 몰랐다. 감정표현, 언어표현, 행동표출까지 탁월했다. 나를 넓고 넓은 이해와 공감의 세계로 이끌어주는 아이는 각자가 갖고 있는 고유한 색깔로 부모인 우리의 삶도 함께 물들여주고 있었다.

세상에서 나를 믿어주는 단 한 사람만 있어도 살아갈 수 있다는 말을 들은 적이 있다. 그 단 한 사람은 내가 선택한 배우자, 혹은 부모님이 될 수 있는데, 나에겐 이런 귀한 관계가 무수히 많다. 우리는 서로에게 영향력을 주는 관계로 살아가고 있다.

나를 사랑하고, 너를 사랑하며, 함께인 우리를 응원할 수 있는 가족이라는 것에 감사하다.

8

결국, 사랑

나는 세상에 태어났을 때부터 사랑받은 적이 없다고 생각했다. 그것은 잘못된 생각이었고, 오해였다. 나와 비슷한 생각을 갖고 오랜 시간 힘들어했던 사람이 또 하나 있다.

내가 너무 사랑하지만, 제대로 표현해본 적 없는 사랑하는 우리 엄마. 스무 살에 나를 낳았다.

그 옛날 어렵던 시절을 지나, 꽃다운 나이가 되어 혼자만의 꿈을 키울 수 있었던 나이에 나를 낳았다. 엄마보다 아이를 몇 년 더 늦게 낳은 나도 가끔은 내 청춘이 그리울 때가 있었다.

우리 엄마, 아빠는 얼마나 그 청춘이 그리웠을까? 너무 일찍 결혼한 부모님은 가난해서 돈이 부족했고, 맞벌이하는 부모님이셨기 때문에 시간이 부족했다.

돈을 좇고, 시간을 좇으며 살아냈던 갓 스무 살의 엄마는 엄마를 위한 삶이 부족했고, 엄마의 청춘을 담아낼 수 있는 마음의 여유도 없었다.

아빠 역시 가장의 무게와 책임감에 눌려 아내에 대한 사랑을 충분히 표현하지 못했다. 부족한 상황 속에서 자란 나는, 엄마의 부재로 엄마의 사랑을 받지 못했고, 그로 인해 내 안에 자리를 잡은 사랑이 온전히 자라지 못해 애정 결핍으로 이어졌다.

애정 결핍에 대한 치료제는 오직 하나다. 결국 사랑이었다.

내 아이에게만큼은 대물림하고 싶지 않다는 마음이 담긴 사랑.

아이를 사랑하기 때문에 상처 가득한 내 마음속 숲을 지나면서 글로써 직면했다. 글을 쓰면서 어린 시절의 엄마를 이해하고, 용서하기 시작했을 때, 마음을 다해 사랑할 수 있게 되었다. 엄마를 전부 다 헤아릴 수는 없지만, 내가 엄마가 되어 갈수록 그 마음을 조금은 알 것 같았다.

내가 셋째 아이를 임신했다 했을 때, 남동생이 말했다.

"누나, 누구 고생시키려고 또 낳는 거야!"

생각해 보니, 네 아이를 낳고 키우는 동안 엄마의 손길이 닿지 않은 순간은 단 한 번도 없었다.

하지만 표현에 서툴렀던 나는 그런 엄마에게 '사랑해요', '고마워요'라는 말을 한 번도 제대로 전하지 못한 채 살아왔다. 엄마가 있었기에 나와 동생이 있었고, 내가 있었기에 우리 네 명의 아이들 또한 이렇게 멋지게 잘 크고 있단 생각이 든다. 하나의 생명이 태어나 성장하기까지 사랑이 없이는 아무것도 이뤄질 수 없다. 내가 이만큼 성장할 수 있었던 것 역시 모두의 사랑 덕분이다.

난 사랑으로 태어났고, 사랑받기에 충분한 사람으로 오늘도 사랑하며 산다.

엄마가 되지 않았으면 몰랐을 수많은 감정과 현실 속에서 진짜 어른이 되어 가는 방법도 조금씩 알게 된다. 더 늦기 전에 사랑의 소중함을 깨닫게 되어, 이 마음을 엄마와 가족들에게 전할 수 있음에 감사한다.

Part 5

괜찮은 엄마,
괜찮은 가족

1

사춘기는 처음이라

언제부터인지 아이가 낯설게 느껴졌다. 미소를 머금고 엄마를 부르던 내가 알던 그 아이가 아니라고 말하는 게 더 정확할까?

아이는 아이대로 학교생활에 적응하느라, 나는 나대로 맡은 바 책임을 다하느라 아이와 소통할 수 있는 시간적인 여유가 없었다. 우리의 여유가 사라지듯이,

"엄마, 고마워요. 사랑해요." 말하면서 환하게 웃어줬던 애교 많은 그 아이도 사라져버렸다.

흥얼거리던 노랫소리마저, 이젠 들리지 않는다. 어쩌다 아이 목소리를 듣게 되는 시간엔 길거리를 걷다 보면 흔하게 들을 수 있는 거친 말들이 가득했다.

이어폰이 귀에 꽂혀 있는 것을 보면 나에게 하는 말은 아니지만, 가까이에 있다는 이유로 간간이 들리게 되는 아이의 거친 말들도

낯설었다.

"사춘기라서 그래."

남들은 대수롭지 않게 여기며 아이가 사춘기라고, 이해하라는 말을 건네지만 사춘기가 뭐라고 사랑하는 내 아이가 낯선 사람이 된 것인지 원망스러웠다.

내 삶을 변함없이 비춰주던 햇살인 아이가 깜깜한 어둠 속에서 갇혀버린 것만 같았다.

기분 좋게 온 가족이 함께 하던 빨래 정리도 더 이상은 즐거운 협동 시간이 아니었다. 방학 때에도 일을 해야 하는 엄마 대신 동생들과 밥을 먹고, 설거지는 못 해서 미안하다며 개구쟁이 웃음을 보였던 아이는 지긋지긋한 일이라며 그만하고 싶다고 말했다.

아이 마음을 달래보려 말해 보지만 이미 마음속에 불덩이를 갖게 된 아들은 내 말이 들리지 않는 것 같았다. 대화인지 싸움인지 모르게 수많은 말들이 오고 갔다.

"내 탓이야. 네 탓이야." 해보지만 그런 말들 역시 씁쓸한 외침일 뿐이었다.

아이에게 첫 번째 사춘기가 왔을 땐 "너도 힘들지? 잘하고 있다고 말해 줘야 하는데, 엄마가 그렇게 말하지 못해서 미안해. 네가 힘들게 노력하고 있다는 걸 아는데, 알면서도 표현하지 못해 미안해." 솔직한 내 마음을 말하고 난 후 아이와의 관계는 회복될 수 있었다.

두 번째 사춘기는 이전과는 달랐다. 엄마인 나에게 좀 더 섬세함을 요구하는 시기로 다가왔고, 내가 낯설어하는 만큼 아이도 스스로를 낯설게 느끼는 것 같았다.

"왜 이렇게 화가 나는지 모르겠어. 그냥 다 짜증 나. 다 싫고, 아무것도 하기 싫어."

불과 며칠 전만 해도 스스로 계획해 놓은 대로 공부하겠다고 해서 기특하다 했는데, 나와 철저하게 원수지간이 되고 싶어 하는 것처럼 강하게 표현하는 아이를 보며 이대로 아이와 멀어질까 봐 무섭고, 두려웠다.

"나가. 엄마 그냥 나가라고." 아이의 말과 행동은 점점 거세졌고, 어둡게 가라앉은 표정과 차가운 말투는 내게 낯선 거리감을 더욱 깊게 새겼다.

사춘기라고 말하는 늪이 내 아이의 모든 것을 바꿔놓은 것 같았다. 어떻게 하면 이 늪에서 빠져나올 수 있을까.

아이는 당연한 것 같은 질풍노도의 시기를 보내고 있는 것이고, 난 아이의 성장을 순리대로 마주해야 했다. 어제까지 환하게 웃던 아이가 무표정으로 내 앞을 지나가더라도 나의 모든 수고스러움이 아이를 위한 사랑과 희생이었지만 이런 것들은 사춘기 늪에 빠져 있는 아이를 향한 낯섦 앞에서 그저 아무것도 아니었다.

내 아이를 되찾고 싶었다. 이미 과학적으로까지 증명된 사춘기를 내가 어떤 수로 맞설 수 있을지 생각하며 책을 보고, 부모교육을 들으면서 찾아낸 것은 '비난'과 '훈계' 대신 '공감'과 '이해'로 다가가야 한다는 것이었다. 40년을 살아오면서 알게 된 지 얼마 되지 않아 생소한 단어인 '공감'과 '이해.'

아들과 내가 서로 돌아올 수 없는 강을 건너기 전에 공감과 이해가 온전히 나와 한 몸이 되어서 내 아이에게 향할 수 있도록 마음을 토닥였다.

나 혼자서는 힘들고 지칠지 모르니 하나로 묶어준 내 남편과 함께 각자의 마음을 쓰다듬으며 공감과 이해를 장착했다.

"아들! 여자 친구 생긴 것 같던데, 엄마는 여자 친구 생긴 거 응원할 수 있어. 엄마한테 솔직하게만 말해 줘."

"알겠어."

짧은 대답이었지만 그날 이후 아들은 달라졌다. 나의 진심을 알아차린 걸까.

늦은 시간 귀가하게 될 때도 있었지만, 나에게 여자 친구 집 근처로 데리러 와달라고 요청했다. 아들과 집으로 돌아오는 길에는 묻고 싶은 말이 있어도 아이가 먼저 말할 때까지 꾹꾹 눌러 삼켰고, 아들의 입장이 되어 말해 보려 노력했다.

"여자 친구랑 조금밖에 못 봐서 어떻게 해? 괜찮니?"

"응. 스터디카페 다녀오는 길에 잠시 보는 거라 길게 있을 수는 없어."

"아쉽겠네. 그래도 네 할 일 하면서 만나고 있어 줘서 고마워."

아이는 그 뒤로도 몇 번의 픽업 요청을 했고, 오고 가는 횟수가 더해질수록 내가 그토록 원했던 아이의 말을 들을 수 있었다.

길고 긴 기다림 끝에 아이와의 소통 창구가 열리기 시작한 것이다. 낯설게만 느껴졌던 아이는 변한 것이 아니라 조금씩 성장하고 있었다. 성장통을 겪느라 소통이 힘들었을 뿐, 내가 사랑하는 아이는 조금 더 자라 있었다.

2

괜찮지 않은 엄마와 아들

무더운 여름이 지나가고, 시원한 바람이 불어오기 시작할 때쯤 가족여행을 계획했고, 아이 학교로 체험학습 신청서를 보냈다. 큰 아들이 등교한 지 얼마 지나지 않아 담임 선생님께 연락이 왔다.

"어머니~ 찬이가 체험학습 신청서를 가져왔던데, 기간이 너무 길어서 걱정되는 마음에 연락 드렸습니다. 물론, 충분히 고민하시고 결정하셨을 테지만, 특별한 이유가 있는지요?"

중학교 때까지는 이유에 대해 물어봤던 선생님이 없었기에 당황스러웠다.

"네? 이유요?" 한참을 망설이다가 뒤늦게 말을 이어갔다. "올해는 가족들과 여행을 간 적이 없고, 2학년 되면 더 못 갈 것 같아서요."

내가 이유를 찾아 망설였던 만큼 선생님 역시도 잠시 머뭇거리셨다. 내 대답이 타당성이 없었다는 것을 스스로도 알고 있었기에 수화기 너머 답변 없는 선생님을 충분히 이해할 수 있었다.

얼마 전 담임 선생님과 아이 성적이 떨어진 이유에 대해 상담을 했던 터라 이 중요한 시기에 여행 이야기를 하는 나를 더 이해할 수 없으셨을 것 같다.

"어머니, 정말 괜찮으시겠어요?" 선생님의 한마디 물음에는 많은 게 담겨 있단 생각이 들었다.

'중요한 때라고 그렇게 말했건만…… 이 엄마 생각 없는 것 아니야?'

아무도 말한 적 없는 소리 없는 메아리가 내 귓가에 울려 퍼지며 다시 한번 고요함이 이어졌다.

보이지 않는 미소를 머금으며 선생님께 정중하게 말씀드렸다.

"선생님, 5일이라 기간이 좀 길어서 걱정되시는 거죠? 죄송합니다. 혹시 학교 일정에 많은 무리가 있다면 조정하도록 하겠습니다."

"네, 어머니. 아이에게 중요한 시기인 만큼 특별한 사정이 있을까 싶어 연락 드렸는데, 일단 어머님 말씀은 충분히 이해했습니다."

"선생님, 전화 주셔서 감사합니다."

'선생님은 정말 내 말을 충분히 이해한 걸까? 아니면, 미처 하지 못한 말 속에 담긴 내 마음을 눈치채셨을까?' 체험학습 신청서를 자주 낸 적도 없지만, 신청서를 보냈을 때 선생님 전화를 받기는 처음이었다.

고등학생 되면 놀러 가기 힘들다는 말이 꼭 사춘기 아이 때문만은 아니라는 생각이 들었다.

아이가 함께 갈 수 있을지, 정말 아이와 함께 가도 되는 것인지에 대해 많은 생각이 머릿속을 맴돌기 시작했고, 단단했던 내 마음이 갑자기 흔들리기 시작했다.

기숙사에서 집으로 돌아오던 날. 아이에게 물었다.

"찬이야! 이번 여행 선생님께서 걱정을 많이 하시더라고. 괜찮겠니?"

"엄마, 나도 괜찮지는 않아. 근데 위험 감수하고 가는 거야. 틈틈이 공부해야지."

"엄마는 위험 감수하면서 가는 건지 몰랐네. 가족들과의 시간을 중요하게 생각해 줘서 고마워."

여러 상황 속에서도 가족여행을 선택한 아이에게 고맙고, 철없는 엄마가 된 것 같아 미안했다.

'이젠 정말 아이와 함께할 시간이 많지 않구나.'

막연하게 알고 있었던 것들을 직접 경험하면서 그동안 누리지 못했던 것들이 아쉬운 마음으로 자리를 잡기 시작했다.

영원할 것만 같았던 시간이 하루가 지날수록 조금씩 줄어들고 있었다.

이젠 다른 의미로 스스로에게 물었다.

'나, 정말 괜찮은 거니?'

더 늦기 전에, 더 많이 후회하기 전에, 아이와 많은 시간을 함께 하고 싶단 생각이 들었다.

아이와 함께하는 이 순간들을 누리며, 생생하게 기억하고, 고이 간직하며 살아야겠다.

오늘은 두 번 다시 오지 않을 소중한 오늘이니까.

3

아픈 아이 맡기고 출근합니다

첫째는 고등학생이 되어 기숙사에서 생활하기 시작했고, 둘째와 셋째는 아침에 깨우기만 하면 스스로 등하교를 할 수 있는 나이가 되었다. 나와 함께 제일 늦게 등원하는 넷째 아이를 깨우기 위해 아이를 불렀다.

"은찬아, 일어나야지." 나와 눈이 마주친 아이는 평소와 다르게 얼굴이 불그스름하다. 어쩐지 체온을 재보니 39도가 넘는다. 고열이 계속되면 안 될 것 같아 서둘러 준비를 하고, 아침 일찍 진료를 볼 수 있는 소아과로 향했다. 일하는 엄마가 가장 약해질 수밖에 없는 상황이었다.

의사 선생님은 아이가 열이 나긴 하지만, 기침을 하거나 그 밖의 증상이 있는 것은 아니기에 독감이나 코로나 검사는 하지 않겠다고 했다. 이럴 때 불행 중 다행이라는 말을 쓰나 보다.

독감이나 코로나면 격리기간이 생길 텐데, 우선 최악의 상황은 가지 않았단 생각이 들었다.

검사를 하는 수고는 덜었지만, 이제부터가 문제였다.

아이가 제일 싫어하는 주사를 맞고 난 후, 기분이 나빠진 아들은 금방이라도 울 것 같은 목소리로 내게 말했다.

"엄마, 엄마! 빨리 집에 가자. 응? 우리 빨리 가자."

"울 아가 어린이집으로 가야 하는데?"

"싫어. 싫어. 엄마랑 같이 집에 갈 거야."

"엄마가 빨리 가서 일 끝내고 데리러 갈게. 오늘은 일찍 집에 가자. 어때?"

"지금 갈 거라고! 지금 갈 거야. 엄마! 지금!"

지금이라는 말은 어디서 배운 건지. 상황에 맞게 단어 선택도 잘해서 내 마음은 더욱 아팠다. 아이는 내게 당장 집으로 가자며, 손가락으로 내 차량을 가리켰다.

아이의 바람과는 달리 내가 갈 수 있는 길은 아이 어린이집으로 가는 길뿐이었다.

아이를 업고서 어린이집으로 향하는데, 작고 작은 손으로 꽉 잡은 내 목은 더 조여오기 시작했다.

"엄마! 엄마! 집에 갈 거야. 내 집에."

내 집으로 가겠다고 '집'을 외치는 아들에게 "안 된다."라고 이

야기하며 어린이집 벨을 눌렀다. 선생님이 마중 나오시자 아이는
더 세게 내 목을 끌어안았다.

그런 아이를 바닥에 내려놓는 것은 맨발로 가시밭길을 걷는 것
처럼 아팠다.

아이가 선생님 품에 안겨 어린이집으로 들어가는 걸 보고 나서
야 발걸음을 옮기며 내 마음속에서 싸워대는 조용한 외침들이 들
려왔다.

"아픈 아이 맡기고, 일하러 간다고? 미친 거 아니니?"

"뭣이 중한데? 뭣이 중요하기에 일하러 가는 거야?"

아이를 넷이나 키웠으면 이제 좀 괜찮아질 때도 된 건데, 아픈
아이를 맡기고 출근하는 것은 여전히 미안했다. 대역죄를 저지른
죄인처럼 미안하고, 미안했다.

하루를 어떻게 보냈는지도 모르게 시간은 흘렀고, 나는 다시 어
린이집 문 앞에 섰다.

"엄마, 오늘 친구들이랑 풍선 놀이 했어. 나 내일 또 할 거야."

아침까지도 숨이 막힐 정도로 울었던 아이는 정반대의 표정으로
나를 맞이했다.

온종일 나를 기다리고 있을 아이 생각뿐이었는데, 아이는 아이
만의 세계에서 시간을 보내고 있었다.

미안함 속에서 절망까지 내려갔던 대역죄인 엄마의 마음은 슬그

머니 고마움으로 변해 갔다.

아이를 키우면서 하루에도 열두 번도 넘게 느끼게 되는 미안함과 고마움 사이의 순간들.

나는 이 순간들을 지나며 조금씩 괜찮은 어른이 되어 가는 중이다.

4

독박 육아

"당신 혼자 괜찮겠어?"

깨가 쏟아진다고 말하는 신혼 생활 5개월 차. 남편과 따로 살기로 했다.

"괜찮아. 일하고, 아이랑 놀다 보면 시간 금방 지나갈 텐데 뭘."

어떤 선택을 하든 쉽지 않은 선택인 것 같아 고민을 했다. 나는 이사 대신 주말부부를 선택했고, 나 홀로 아이를 키웠다. 남편이 없는 평일에는 아이와 함께 월명공원 산책로를 따라 걸어 올라가 보기도 하고, 청소년수련원 뒤편에 있는 길을 따라 걸으며, 풀 냄새, 흙냄새, 나무 냄새도 맡아볼 수 있었다.

남편 없이 아이를 키워야 한다는 게 슬프게 느껴질 때도 있었지만,

"내가 있는 지금 이곳이 천국이다." 어디에 있어도 여기가 바로 가장 살기 좋은 곳이라고 생각하며 하루를 살았다. 밖에서 뛰어놀

다 힘이 들면 아이와 함께 도서관에 가서 책을 읽었고, 동네마다 있는 작은 도서관을 돌아보며 군산 시내를 관광하듯 돌아다녔다. 한 아이씩 이렇게 소소한 일상을 즐기면서 지내다 보니 이제는 사남매가 되었다.

"오늘 저녁은 뭘 먹을까?"

"난 아빠가 해주는 부대찌개가 제일 맛있더라."

"그럼 메뉴는 정해졌네. 부탁해요. 예은이 아버님."

아이들을 씻기는 동안 남편은 부대찌개 한 냄비를 끓여놓았고, 막내를 위한 스팸 구이도 준비되어 있었다.

"애들아, 저녁 일찍 먹었으니 산책 나갈까?"

"와, 신난다. 아빠! 오늘은 크게 크게 걸어봐요. 물빛다리까지 가 볼 거야."

"배부르게 먹었을 때는 산책이 최고지. 모두 나가자."

해 질 무렵, 온 가족이 함께 걷는 산책길은 평온했다. 그야말로 꽃길만 걷는다는 느낌이 전해졌다. 아이들과 혼자서 갔던 그 길을 남편과 함께 온 가족이 걸었다. 누군가에게는 지극히 평범한 일상일 테지만 한 사람도 빠짐없이 가까이에서 함께 보고 느끼는 이곳은 소중했다.

평생을 알콩달콩 살 수 있을 것 같았는데, 다시금 주말부부를 해야 한다.

하나도 둘도 아닌 넷. 아이 넷을 키우며 혼자 살아야 한다니 초심을 잊지 않으려 하나씩 떠올려보지만, 이번에는 쉽지 않았다. 내 마음을 알아챈 걸까. 남편은 나에게 물었다.

"당신, 정말 괜찮겠어?"

"응. 그럼. 나야 괜찮지. 자기는? 자기야말로 혼자 괜찮겠어?"

남편과 나는 서로에게 괜찮겠냐는 말만 몇 번을 되풀이했다. 남편의 발령 소식이 전해지던 날에 우리 가족은 식탁에 둘러앉았다.

"아빠, 아빠 혼자 괜찮아요?"

"너희들 아빠 없이 엄마랑만 있어야 되는데, 괜찮니?"

"아빠 없으면, 평일에는 치킨 못 먹겠네? 우리 가족 다 모여야 치킨 먹을 수 있잖아."

아빠 없이 지내는 평일의 일상을 떠올리며 울다가 웃었다.

그렇게 남편은 편도 2시간 거리의 직장으로 발령이 났고, 주말에만 만날 수 있었다.

남편과 둘이서 아이들을 챙길 때보다 훨씬 더 바쁘게 지내야 했지만, 혼자서 감당하는 것들이 두렵거나 무서운 생각은 들지 않았다.

여전히 아이들은 투닥거리며 생활했고, 한순간도 쉬지 않고 말을 이어갔다.

나와 아이들에게는 남편의 빈자리만 있었을 뿐 똑같은 일상이 주어졌지만 남편은 달랐다.

퇴근 후엔 아무도 반겨주지 않는 불 꺼진 집 현관문을 열어야 했고, 매일같이 듣던 아이들 웃음소리를 들을 수 없었다. 물론, 그렇게 듣기 싫어하던 시끄럽게 싸우는 소리까지도 말이다.

하루 종일 쉬지도 못하고 바쁜 일상을 보냈으니 편히 쉬고 싶은 마음뿐이었을 텐데, 남편은 가족을 더 그리워했다. 퇴근 후엔 아이들이 보고 싶다며 집으로 퇴근을 할 때도 있었고, 다음 날 새벽이면 서둘러 직장으로 향했다.

아이가 넷인 아빠였지만 첫아이를 낳은 지 얼마 안 된 아빠처럼 아이들에 대한 그리움과 사랑을 표현했다. 물리적으로 멀어진 거리 덕분에 우리는 더욱 서로의 존재에 대해 집중하고, 사랑하게 되었다.

5

충만한 긍정 마인드

마흔이 되는 동안 지내온 내 삶을 뒤돌아보면 우여곡절이 많았단 생각이 든다.

글로 담아내지 못하고 마음에만 새겼던 시간을 잘 이겨낼 수 있었던 것은 무한 긍정의 소유자여서 가능했다는 생각이 든다. 처음부터 내가 긍정 마인드였던 것은 아니다.

'내가 그렇지 뭐', '그래, 난 어쩔 수 없는 사람이야.'라는 생각이 늘 내 머릿속을 떠나지 않았다. 행복한 기억이 많지 않은 어린 시절 덕분에 자존감도, 자신감도 나와 관련된 어떠한 긍정 마인드도 찾아볼 수 없는 사람이 나였다. 이런 내가 조금씩 긍정 마인드에 대한 관심을 갖게 된 것은 2006년 첫째 아들을 임신하면서부터였다.

누구에게나 첫 임신은 설레고, 걱정스럽고, 소소한 것들에 대한 두려움과 함께 여러 가지 감정을 느끼게 해주는 순간일 것이다.

임신 9개월 차에 산부인과 정기검진을 갔는데, 아이가 너무 작다는 말을 들었다. 표준 데이터에 따르면 아이는 이 시기에 몇 센티미터가 되어 있어야 하고, 머리 크기, 다리 길이, 배 둘레가 어느 정도 되었어야 하는데, 아이가 작아 걱정이 된다면서 소견서를 써준다고 했다.

동네 작은 병원에서는 진료가 어려우니 대학병원에 가야 한다는 말이었다. 전치태반의 소견도 보여서 자연분만이 어려울 것 같다고 하며 절대안정이 필요하다는 말을 했다.

병원에서 나오는 길에 남편과 함께 눈물만 흘리며 어찌할지 몰라 발만 동동 구르게 되었다.

"괜찮아, 잘 먹고, 잘 쉬다 보면 아이도 잘 자랄 거야."

아이를 크게 하기 위해서 두부, 소고기, 닭고기, 아이에게 좋을 것 같은 음식들을 좀 더 챙겨 먹었다. 나의 하루는 배 속 아이 키우기에 집중되어 흘러갔다. 아직 얼굴 한번 보지 못한 아이가 나로 인해 잘 자라지 못했다는 말을 들으니 그 아이를 위한 생존적인 하루가 이어졌다.

아이를 생각하며 끝없는 걱정에 잠겼다가, 태교에 좋지 않다는 말을 듣고 다시 마음을 다잡았다. 그러다 울고, 또 울며, 마음을 붙잡으려 애쓰며 시간을 보냈다. 그러던 중 가게 된 또 다른 산부인과에서 희망의 목소리를 들을 수 있었다.

"엄마, 괜찮아요. 괜찮아. 평균 주 수보다 좀 작긴 한데, 크게 문제 될 것은 아니니까 마음 편히 갖고 먹고 싶은 거 먹으면서 지내요. 전치태반도 걱정할 것 없어요. 엄마가 편안하면 출산 전에 다시 돌아오기도 하니까. 괜찮아요."

의사 선생님께서는 전혀 문제 없다며, 기다려보자고 하셨다. 난 이 말을 듣고 싶었던 것일까? 그때부터 마음가짐이 조금씩 달라지기 시작했다.

시간이 흐를수록 조급한 마음도 점점 내려놓을 수 있었다.

나의 마음이 너무 편안한 걸 아이도 느꼈는지 우리 첫째는 정확히 42주가 되는 날 태어났다. 의사 선생님께서 이날만큼은 절대 넘기지 말자고 유도분만 날짜를 잡아 놓았던 그날 새벽, 이슬이 비쳐 자연스럽게 진통이 시작되었고 출산의 과정을 겪게 되었다.

가장 우아한 출산을 꿈꿨던 나는 새벽예배에 참석해서 예배를 드리며, 진통 간격을 체크하곤, 예배 후 병원으로 향했다. 첫 출산인데, 잘 참아내고 왔다고 칭찬해 주는 수간호사 선생님을 보고 스스로 대견하다고 느끼며 출산 준비 의식을 진행하였다.

나는 병원에 도착한 지 1시간도 안 되어 아이를 만날 수 있었다. '이런 기분이구나.' 하며, 아이를 만난 기쁨도 있었고, 생각했던 것보다 고통이 적은 것 같아서 감사했다.

예정일보다 2주가 지난 시점에 낳게 되어 42주를 기다리고, 1시간도 안 되어 만난 아들이었지만, 생각해 보니 이날의 출산이 가장 쉽고, 빠른 출산이었다.

2009년, 둘째 아들을 임신 중이던 나는 신종플루에 걸렸다.

"우리 받아들이자. 네가 먼저 살아야 할 것 아니야. 네가 살아야 아이도 살아. 혹시라도 아이가 잘못되더라도 같이 감당하면 되지. 약 먹고, 이겨내 보자. 괜찮아."

말은 이렇게 했지만 남편도 나도 마음이 편치 않았다. 둘이서 얼마나 울었는지 눈은 퉁퉁 부어 있었다.

'그래, 괜찮을 거야', '아이도 나도 괜찮을 거야.' 마음속으로 수백 번을 외치며 타미플루 약을 복용했다. 약을 먹은 후 나의 체온은 빠른 속도로 정상을 찾았으며, 5일을 꼬박 격리되어 지내며 건강 또한 되찾기 시작했다. 이젠 배 속의 아이가 건강하기만을 바랄 수밖에 없는 순간이었다.

부모가 된 이상 절망 앞에 가만히 서 있을 수가 없었다. 내가 겪는 절망이 아이들에게 흘러가지 않도록 긍정을 붙잡아야만 했다. 둘째 아이는 41주 4일이 되던 날 만날 수 있었다.

첫째는 성장지연에 전치태반, 둘째는 임신중기 신종플루에 감염되는 두 가지 일을 모두 겪을 수 있는 사람은 나밖에 없을 거란 생각이 든다. 긍정에 긍정을 더한 무한 긍정인 나니까 이겨낼 수 있었던 것은 아닐까. 셋째 딸 역시 앞 장에서 이야기했듯이 출산을 앞두고 급성폐렴에 걸려 대학병원에서 입원 치료를 받아야만 했다. 이쯤 되면 출산이 무서워서 멈췄을 법도 한데, 촉진제 투여 실패와 재도전으로 나의 네 번째 자연분만이 이뤄졌다.

다양한 이벤트를 경험하며 만나게 된 네 명의 아이들은 기적적인 탄생과 함께 나에게 '긍정'을 선물로 가져왔다.

긍정을 받은 내가 수없이 외쳤던 "괜찮아"는 아이들이 성장하는 동안 가만히 스며들었고,

"엄마, 괜찮아. 엄마도 그럴 수 있어." 아이를 통해 듣게 된 긍정은 삶이 힘들어질 때마다 나를 지탱하게 해주는 힘이 되었다. 하나의 긍정으로 안 될 때면 하나, 둘, 셋, 넷. 고맙게도 네 명의 아이들이 또 다른 힘을 만들어주었다. 나란 사람 하나였을 땐 부정했던 깃들이 긍정으로 다가갈 수 있도록 바꿔준 아이들은 긍정 마인드 엄마로 다시 태어날 수 있도록 나를 성장시켰다.

6

어른보다 더 어른스러운 아이

어느 날 저녁, 식탁에 둘러앉아 밥을 먹으며 뉴스에서 본 기사를 토대로 대화를 나눴다.

출산율은 감소하고 있고, 인구 대비 노년층이 더욱 많아지는 것에 대한 우려가 담긴 기사였는데, 중학생 아들이 밥 먹던 숟가락을 내려놓으며 심각한 목소리로 말했다.

"엄마, 외로울 수 있으니까 돈은 좀 있어야 할 것 같아."

"응? 돈이야 많으면 좋긴 하겠지. 근데, 네가 자주 와서 외롭지 않게 해주면 되잖아."

"노력은 하겠지만, 가능할 것 같진 않아. 우리도 할머니 댁 자주 못 가잖아."

아차, 싶었던 순간에 이 녀석은 내가 아무 말도 할 수 없게 확인 사살하듯 강력한 접착제를 뿌려댔다. 한동안 아이들과 함께 시가에 가지 못했는데, 그것을 꼬집으며 말하는 것 같았다. 나 역시 자식으로서의 역할보다 부모 역할에 충실하느라, 주말에 학원 가는 아이들 핑계로 한 달에 한 번 가던 시가행도 점점 줄었다.

"외로울 수 있어요." 먼 미래의 나를 생각하며 아이가 던진 말은 부모님을 떠올리게 했다.

나 살기 바빠서 부모님이 외로울 수도 있겠단 생각은 해본 적이 없었다.

자식들이 많은 것도 아니고, 남편도 나도 동생 하나뿐인데 서로 못 보고 지낸 시간이 꽤 많이 흐른 것 같았다.

"엄마~ 형이랑 나 시험 끝나면, 할머니 댁 가자. 우리 보고 싶으실 거야. 할머니 댁 안 간 지 오래된 것 같아. 밥 먹은 지도 오래됐지?"

내가 놓친 부분에 대해 아들은 사심 없이 말했지만 나는 혼자서 찔리는 바람에 아무 말이나 했다.

"우리 엄마, 아빠랑도 밥 한 끼 안 먹은 지 오래됐거든?"

나이 사십 먹은 엄마가 말한 것치곤 한없이 부끄러웠다. 내 부끄러움이 사라질까 아들은 또 한마디 덧붙였다.

"외할머니랑 외할아버지는 주일에 잠깐이라도 얼굴 보는데, 할머니랑 할아버지는 전혀 못 보는 거잖아."

'그냥 말을 하지 말 것을 뭘 또 이겨보겠다고 말했을까?' 후회스러웠다.

더 부끄러워지기 전에 서둘러 말했다.

"우리 아들! 먼저 할머니 댁 가자고 이야기도 하고, 진짜 다 컸네? 할머니 할아버지가 좋아하시겠다. 시험 끝나고 가겠다고 엄마가 말씀드릴게."

자기밖에 모르는 철없는 아이라고만 생각했는데, 나보다 낫단 생각이 들었다.

아이의 입을 통해 나오는 진심 담긴 말들은 어느 것 하나 그냥 지나칠 수 없게 만들곤 했다.

우리는 아이와 약속한 대로 시험이 끝난 후 온 가족이 함께 시가로 향했다.

"바쁠 텐데, 뭐 하러 왔어. 그냥 명절 때나 보면 되지."

"어머니, 자주 못 뵈러 와서 죄송해요."

"죄송하긴 애들 넷 키우면서 일하는 게 보통 힘든 일이 아니야. 안 와도 된다."

내가 우리 아이들을 생각하는 만큼 부모님 역시 남편과 나를 먼저 생각하셨다. 안 와도 된다고 말씀하셨던 어머님은 남편이 좋아하는 꽃게탕과 내가 좋아하는 잡채, 아이들이 좋아하는 갈비찜과 달걀 장에 삼색나물을 해놓고 기다리고 계셨다.

이제 제법 큰 아이들은 할머니 할아버지 앞에서 재롱을 부리진 않지만 밥 한 끼 같이 먹는 시간만으로도 부모님께 큰 기쁨을 드릴 수 있다는 것을 아이는 이미 알고 있었나 보다. 내가 놓칠 뻔한 시간들을 다시금 우리 앞에 놓아준 아이들은 부모님과 나, 나와 아이들 사이를 더욱 단단하게 해주었다.

7

특별한 2주

코로나로 온 세계가 떠들썩하던 때에 우리 집에도 코로나란 녀석이 찾아왔었다. 25년인 지금은 의무 격리기간도 아니지만 처음 코로나가 시작되었을 땐, 전염되면 죽을 수도 있다는 공포와 함께 절대로 걸리면 안 되는 전염병 중 하나였던 시절이 있었다.

외출할 때는 무조건 마스크를 써야 했고, 마스크를 사기 위해 아침부터 약국 앞에 줄을 서야 살 수 있었고, 이것마저도 개인별 한 정수량에 맞춰 살 수 있었던 불과 몇 년 전 이야기.

집합금지 명령도 있었던 때라 몇 명 이상 모이면 안 되던 그런 때였다. 정말 모두가 조심하며 살아가던 시기였으나 아무리 시국이 시끄럽다 해도 성장기 아이들의 식욕을 멈추는 것은 쉽지 않다. 학교를 마친 후, 동네 중국집에서 짬뽕 한 그릇을 먹고 왔던 큰

아들에게 전화가 왔다.

"엄마, 엄마 나 어떻게 해? 어제 갔던 중국집에 코로나 환자가 있었대. 그래서 지금 코로나 검사하러 보건소에 가야 한대. 엄마, 미안해. 나는 괜찮은데, 우리 막내는 어쩌지? 나 걸리면 가족들 다 걸릴 수도 있는데…… 미안해."

코로나는 나도 무서웠지만, 울면서 미안하다고 이야기하는 아이 앞에서 그 두려움을 보일 수는 없었다.

"괜찮아. 괜찮을 거야. 혹시나 코로나 증상이 있어도 약 먹고 조심하면 되니까 괜찮아."

"엄마, 미안해. 어린 동생들 생각해서 내가 조심했어야 하는데, 정말 미안해."

코로나 확진자와 동선이 겹쳤다는 이유로 검사를 앞둔 큰아들은 동생들의 안위를 걱정하며 자책하는 눈물을 흘렸다.

다행히 아이는 감염되지 않고 고요히 지나갈 수 있었지만, 그로부터 한 달 후 다시 한번 진짜로 미안하단 이야기를 들을 수 있었다. 사람의 힘으로는 저항할 수 없었던 일을 두고 누구를 탓하리오. 큰아이가 확진 판정을 받은 후, 아무런 증상이 없던 가족들도 모두가 코로나 검사를 해야 했다. 큰아이와 오랜 시간을 보내는 둘째 아이가 걱정이었는데, 염려했던 것과는 다르게 셋째 딸이 무증상 확진을 받았다. 그렇게 해서 첫째와 셋째는 화장실이 있는 큰방으로 격리가 되었고, 그 방에서 나오지 못하고 꼬박 5일을 지내야만 했다. 3일쯤 지났을까. 내 목이 유리 조각에 베이는 것처럼 아파오기 시작했다. 아무래도 코로나인 것 같았다. 두 아이들과 다르게 열도 많이 났고, 기침도 쉴 새 없이 터져 나왔다. 계속되는 고열로 나는 결국 입원까지 하게 되었고, 입원한 지 3일째 되어 열이 떨어지던 날 막내아들 확진 소식에 퇴원을 할 수밖에 없었다. 그 뒤로 또 하루 이틀 지나니 둘째가 아프기 시작했고, 마지막으로 남편이 코로나 확진을 받았다. 가족 중에 확진자가 있으면 가족들 모두 야외활동이 금지되던 시기였기에 온 가족이 아프고 격리하며 지나간 시간을 세어보니 격리기간만 2주가 걸렸다.

"이제 아빠만 다 나으면 우리 외출할 수 있는 거네."

"나 진짜 외식하러 밖에 나가고 싶었어."

꼬박 2주를 꼼짝도 못 하고 집에만 있던 아이들은 2주에 끝난 게 어디냐며 감사하기 시작했다.

설마 그럴 일은 없었겠지만 한 사람씩 격리기간을 끝낸 후에 아팠다면 6주가 걸릴 수도 있었던 시간이었다. 모두가 같은 전염병으로 아파본 것은 처음이어서 각자 본인의 회복기를 공유하며 서로를 응원할 수 있었다. 기쁨도 아픔도 함께 나누며 같은 마음을 느낄 수 있던 순간들은 어느새 추억이 되었다. 혼자라면 힘들었을 시간이지만, 가족이 함께였기에 2주라는 시간이 빠르게 지나갈 수 있었던 것 같다. 요즘 시대에 좀처럼 경험하기 힘든 6인 가족의 특별한 격리기간은 우리만의 추억으로 남겨졌다.

8

근사하지 않아도

"오늘 하루를 온전히 당신만을 위한 시간을 보내십시오." 꿈같은 이야기이지만 상상만으로도 내 몸의 활력 세포들이 살아 움직이는 것 같다.

평소보다 조금 더 빠르게 시작한 아침은 밥 달라고 일어난 막내의 소리에 고요한 적막을 깼다.

식탁에 앉아서 먹는 건지, 춤을 추며 먹는 건지 모르게 아이는 밥을 먹었고, 그 뒤로 차례대로 일어나는 아이들은 둘, 셋, 넷. 네 명의 아이들이 일어나고 본격적인 하루가 시작되었다. 나는 빨랫 감을 정리해 세탁기를 돌리고, 옷가지들을 정리했다. 이제 좀 정리가 되었나 싶어질 때쯤 시계를 보니 벌써 저녁이다. 남편은 식사메뉴로 고기를 굽기 시작했고, 난 막내의 텐션을 좀 진정시키며 집안 정리를 했다. 정리를 해도 끝이 없다. 여섯 사람이 살고 있는 우리 집은 깔끔하게 정리정돈된 집과는 거리가 있게 느껴졌다.

아이들이 안 도와주는 게 아닌데도 어쨌든 우리의 역할이 좀 더 많이 필요했다. 어렵사리 저녁 식사 미션을 마쳤지만 셋째와 넷째를 씻기는 일이 남아 있었다. 내가 너무 지쳐서 쓰러질 것 같을 무렵에 아이들은 잠들었다.

사실 이렇게 한 줄로 셋째와 넷째의 이야기를 썼지만, 셋째와 넷째가 잠들기 위해서는 그사이에 물도 먹으러 가야 했고, 방문에 오카리나를 걸어놔야 한다며 대성통곡을 했으며, 셋째는 충전기가 사라졌다고 온 집 안 구석구석을 살피며 돌아다니고, 머리핀이 침대 밑으로 들어갔다며 긴 막대기로 휘~ 저어가며 머리핀 낚시도 했다. 막내는 자동차 친구들과 같이 자야 하는데, 경찰차랑 소방차가 사라졌다며 장난감 정리함을 다 뒤집고 난 후에 잠이 들 수 있었다. 점점 내 체력이 끝을 보이고 있을 시점에 아이들이 잠든 것이다. 나 역시 그 틈에 잠이 들어서 얼마나 잤는지 모르게 기절하듯 잔 후, 새벽 4시가 넘어서 잠에서 깼다.

순식간에 지나가버린 주말이 아쉬워서 하루를 돌아보며 글을 쓰기 시작했고, 생각나는 대로 쓰다 보니 남편과 내가 열심히 살고 있다는 것을 알 수 있었다. 돈이 많아 아이가 많은 것도 아니고, 체력이 좋아 아이가 많은 것도 아닌데, 우리 정말 최선을 다해 살고 있단 생각이 들었다.

우리에겐 재력이 없다. 재력이 안 되면, 체력이라도 있어야 아이도 키우고, 일도 할 수 있는데, 나이를 먹기 시작하니 자신만만했던 체력도 점점 약해지고 있음을 느꼈다. 재력도 체력도 둘 다 잡고 싶은데, 현실은 쉽지 않다.

'엄마'가 되어 살아간다는 것은 기쁘고, 의미 있는 일이지만, 평범한 인간으로서의 나는 가끔씩 흔들리는 마음을 붙잡기엔 나약한 존재라는 것을 깨닫는다. 난 어떻게 이 현실을 헤쳐 나갈 수 있을까. 난 어떤 엄마로 살아갈 수 있을까. 내가 생각하는 대로 글로 쓰는 대로 이 모든 것이 이뤄질 수 있다면 좋겠다. 그렇다면 근사한 이야기를 써서 바로 저장 버튼을 누를 텐데 말이다. 하룻밤 꿈처럼 이야기를 쓰다 보니 벌써 아침이다.

"엄마, 오늘 밥 너무 맛있는데?"

"응. 진짜 맛있어. 엄마, 난 더 먹을 거야."

"앗싸! 그럼 네가 내 것도 퍼와."

"나도 밥 더 먹을 거야. 누나, 나도! 나도."

엄마의 이런 마음을 아무도 알지 못한 채 평소처럼 밥 퍼올 사람을 정하는 아이들을 보며 다시 한번 체력 충전을 위한 힘을 밀어 넣었다. "잠깐만 기다려. 엄마가 줄게." 아이들에게 들키고 싶지 않은 속마음을 꼭 끌어안고, 내 삶의 적절한 쉼표도 찍었다.

9

사남매 제주 여행기

아이들과 함께 제주 여행을 다녀왔다. 고등학생인 큰아들 학교에서 승인이 나지 않을까 봐 조마조마했지만 다행스럽게도 6명 모두가 제주도에 도착했다.

온 가족 제주도 여행이라니! 아이가 많은 우리 집 여행 소식에 주변 사람들이 놀란 반응을 보였다.

"제주도? 아이고~ 식구 많은 집이라 비행깃값도 무시 못 했겠는데?"

"잠은? 잠은 어디서 자요?"

아무래도 구름길 지나 하늘길로 여행 온 거라 육지에서의 여행과는 다른 반응이다. 오늘을 위해 남편과 나는 틈틈이 항공권 확인을 했다. 가장 저렴한 왕복표를 구매하고, 숙소도 예약했다. 기본 단가보다 추가금 많이 붙는 키즈 호텔도 패스. 단독 풀 빌라에 오선뷰 펜션도 패스.

이것저것 따지면서 패스하다 보니 갈 곳이 없었다. 정확히 말하면 하룻밤에 너무 비싼 금액을 지불하면서까지 잘 곳이 없었다.

결국 아버님 동창회에서 회원권으로 갖고 있는 곳으로 저렴하게 숙박을 예약했다. 오션뷰 1박에 10만 원이 안 되는 것은 매우 합리적인 가격이었고, 최고의 선택이었다. 예약한 숙박이 어느 곳인지 아이들에게 말하기 전까지는 말이다.

"아빠, 잠은 조금만 더 좋은 곳에서 자면 안 돼요?"

"수학여행 학생들 많은 곳 말고, 좋은 곳으로 가고 싶어."

초호화 호텔까지는 아니어도 "조금만 더 좋은 곳이요."라고 말하는 아이들에게 "NO"라고 말할 수는 없었다. 남편과 나는 서로 마주 보며 눈을 깜빡였다. 입꼬리만 살짝 올라간 웃음을 머금었고, 그 웃음기는 곧 사라졌다.

잠만 자는 숙소에 많은 돈을 쓰고 싶지는 않았기에 여행을 계획하면서 가장 고민했던 건 숙소였다. 우린 다시 숙소를 알아보며, 아이들과 협상을 했다. 첫날 늦게 도착하는 날에만 수학여행 전담 숙소인 그곳에서 잠을 자기로 말이다. 깜깜한 어둠 속에서 은은하게 비치는 불빛 사이로 반겨주는 야자수와 인사를 하고, 우리의 제주 여행 첫날 밤은 시작되었다.

둘째 날이 되어 도착한 숙소에서는 출입문을 지나 문을 여는 순간 아이들은 함성을 질렀다.

"와~ 진짜 좋다. 여기 오는데, 조명 반짝이는 거 봤어?"

"좋다. 여긴 안내 데스크도 좋은 것 같아."

말로 표현하는 큰 아이들과 다르게 막내는 복도를 뛰어다니며 이곳이 마음에 든다는 것을 강력하게 어필했다. 아이들 모습을 보며 남편이 나에게 살며시 다가와 말했다.

"10만 원 더 추가했다고, 아이들 반응부터 다르네. 돈이 좋긴 좋은가 봐."

"그러게 말이야. 숙소 도착했을 때 입구부터 조명이 다르니까 나도 기분이 좋긴 하더라고."

"당신도 좋았구나? 앞으로 더 열심히 일해야겠다. 그래야 좋은 곳에서 자면서 여행하지."

남들이 들으면 코웃음 칠 수 있는 대화였지만, 아이 넷과 함께 제주 여행을 한다는 것은 우리에겐 몇 년에 한 번 큰마음 먹어야 가능한 일이었기에 나름 진지했다. 만족해하는 아이들의 모습에 뿌듯해하며, 어느 때보다도 기분 좋은 밤을 보낼 수 있었다.

다음 날, 우린 제주도에 왔으니 유람선을 타며 마음껏 바다를 느껴보기로 했다. 새섬공원을 산책하고, 서귀포항 유람선을 탑승했다. 끝없이 펼쳐진 바다에 출렁이는 파도를 보며 선상에서 기념사진을 찍었다. 가슴이 뻥 뚫리는 듯한 바람을 맞으며 담아내는 사진

들은 그 자체만으로 행복함을 느끼기에 충분했다.

"바다야, 안녕~ 안녕! 빠바이."

남편 품에 안겨 있던 막내아들도 손을 흔들며 바다에게 인사를 건넸다.

"어! 어! 엄마, 은찬이 신발."

"아빠, 바다에 신발이 빠졌는데?"

해맑게 웃으며 손을 흔들던 아이는 발도 함께 힘차게 흔들었는지 신발 한 짝이 벗겨져 있었다. 신발이 사라졌는데도 표정 하나 변하지 않고 웃는 아이의 모습에 나무랄 수도 없었고, 다 같이 웃을 수밖에 없었다.

'왜 신발이 벗겨진 거지?' 궁금증은 계속되었지만 여행 중 걱정을 끌어안고 싶지는 않았기에 미리 챙겨간 샌들로 바꿔 신겼다.

그다음 예정지는 천지연 폭포였기에 폭포까지 걸어가는 길에는 막내가 유모차를 타도록 했다.

걷기 시작하면 사방을 뛰어다니는 막내가 유모차에 앉아 있으니 마음이 편안해지는 것 같았다.

천지연 폭포 앞에 도착했고, 폭포의 웅장한 모습에 반해 사진을 찍는 사이 귓가에 큰 소리가 들렸다.

"임은찬! 너 뭐야. 아…… 엄마……."

딸의 울음소리와 함께 유모차에 얌전히 앉아 있는 것처럼 보였던 아들이 다시 한번 사고를 낸 것을 알았다.

"안녕~ 안녕! 빠바이."

막내아들은 아무 일 없었다는 듯이 손을 흔들고 있었다. 천지연 폭포 물줄기를 따라 막내의 배웅을 받으며 딸아이의 곰 인형 역시 사라져갔다.

이쯤 되니 절대로 벗겨질 것 같지 않았던 신발이 벗겨진 이유도 알 것 같았다.

여행하면서 느끼는 설렘과 아들의 호기심이 충돌을 한 건지 막내의 장난기로 일어난 사건이었다.

아끼던 인형을 잃어버린 딸은 한참을 울었다.

"미안해. 누나 미안해."

"오빠가 집에 가면 곰 인형 하나 사줄게."

동생의 사과와 곰 인형을 사주겠다는 오빠의 말을 들으며 딸아이의 마음이 진정되는 동안 우리는 주차장에 도착했다. 진정된 마음도 잠시였고, 둘째가 다급하게 소리쳤다.

"엄마~ 어떻게 해. 아이패드가 사라졌어."

중학교 입학 선물로 받게 된 아이패드는 둘째 아이와 한 몸으로 지낸 지 얼마 되지도 않은 소중한 물건 중 하나였다. 하얗게 질린 얼굴을 한 둘째는 어떻게든 찾아본다며 계정을 정리하기 시작했으나 아이패드의 행방은 찾을 수 없었다.

우선 숙소에 전화를 해서 청소할 때 없었는지 확인을 하고, 우리가 들렀던 여행지에 전화하며 혹시 모를 기적 같은 상황을 기대했다.

큰아들은 동생들을 데리고 우리 가족 동선을 따라 구석구석을 돌아다녔고, 어둑해진 후에는 곁에서 둘째를 위로하고 있었다.

이제 정말 찾을 수 없을 것 같단 생각을 했을 때, 전화가 왔다.

"고객님, 분실물센터를 통해 연락이 왔습니다. 혹시 검정 비닐봉투도 함께 잃어버리신 걸까요? 방문해 주시면 확인 후 전달해 드리도록 하겠습니다."

아이패드 화면에 있던 가족사진을 확인 후 관계자로부터 패드와 검정 비닐 봉투 속 물건도 전달받을 수 있었다.

우리는 습득 날짜와 위치가 적혀 있던 뜻밖의 메모와 비닐 봉투를 보며 한참을 웃을 수밖에 없었다.

[곰돌이 의자에서 습득]이라 쓰여 있던 검정 봉투에는 잃어버린 줄도 몰랐던 온 가족 슬리퍼가 들어 있었고, 애타게 찾았던 아이패드도 함께 있었다.

리조트 로비에 있던 장식이 예뻐서 아이들 사진 찍어주면서 이리저리 도망 다니던 막내까지 잡으러 다니다 보니 까맣게 잊게 되었던 것이다. 생각지도 못했던 슬리퍼 보따리를 보면서 둘째 아들의 목소리가 커졌다.

"아빠, 내 덕분에 찾은 거야. 아빠 슬리퍼 아끼던 것 아니야?"

"제주도 떠나기 전에 찾아서 다행이다. 정말 다행이야."

파란만장했던 제주 여행은 끝이 났다. 누군가는 평생에 한 번 겪을까 말까 한 일들을 4박 5일 제주 여행에서 경험한 우리 가족은 제주도를 떠올릴 때면 한참을 웃을 수 있는 추억이 생겼다.

여행이 주는 긍정적인 면은 무수히 많겠지만 우리 가족에게 여행은 특별한 곳에서 좀 더 깊이 있게 서로를 이해할 수 있는 시간이었다. 낯선 곳을 여행하며 느끼는 행복함과 만족감은 물론, 위기와 절망의 순간에서 서로의 감정을 공감하며 나눌 수 있는 여유로운 마음은 여행이 주는 가장 큰 축복의 선물이다.

10

오뚝이 육아

처음 엄마가 되었을 때보다 엄마가 줄 수 있는 영향력에 대해 깨닫게 되는 순간부터 좋은 엄마가 되고 싶었다. 어쩌면 '나' 스스로와 씨름을 하기 시작했단 말이 더 정확할지 모르겠다. 내가 누구인지 모르고 지내왔던 시간들이 크게 느껴졌기 때문에 엄마가 되기 전에 먼저 '나'를 알아야 했다. 나를 알기 위해 인생이라는 씨름판에 혼자만의 긴긴 싸움을 하고 있었다.

나와 제대로 한판 붙어야만 그다음 단계로 넘어갈 수 있을 것 같단 생각이 들어서 나에게 좀 더 집중하려 했고, 나를 사랑하기 위해 노력했다.

글을 쓰면서 기분이 좋아지는 나를 보면서 뭐든 써보려 했고, 뭐든 쓰다 보니 이 글을 통해서 내가 얻고자 하는 것이 무엇인지까지 생각해 볼 수 있었다.

나를 알고자 하는 과정은 치유의 과정이었기에 나를 위한 이 시간을 거치면서 성장하고 있었다. 힘들어도 글을 썼고, 죽을 것처럼 아픈 과거의 상처와도 직면했다.

'나만 이렇게 불행한 건가?' 아무에게도 물어볼 수 없었던 궁금증을 갖게 되었을 때 《엄마의 말 연습》이라는 책을 읽게 되었다. 책에는 내가 원하는 이상적인 엄마의 모습이 보였다.

따뜻한 말 한마디로 아이의 자존감을 높여주고, 사랑한다는 것을 마음껏 표현해 주는 엄마는 상상 속에서나 존재할 것 같았지만, 실제로 존재하는 인물이었다.

"너는 존재만으로도 소중한 사람이야."

처음엔 낯설게만 느껴졌던 말들이 전혀 어색하지 않았다.

"엄마가 미안해. 진심으로 사랑해."

낯설고 어렵기만 했던 말들도, 이제는 마음을 열고 조금씩 꺼내 말할 수 있게 되었다.

아이들에게 말할 때마다 가슴이 찌릿했다. 사실 내가 간절하게 듣고 싶었던 말이었다.

비록 어릴 적엔 들을 수는 없었지만 내가 듣고 싶었던 말을 직접 아이들에게 해주면서 나 역시 그 말을 듣게 되었다.

좋으면서도 아팠다. 아파서 또 상처가 난 줄 알았는데, 상처가 아니었다.

새살이 돋아나며 자라고 있었던 것이다.

내가 넘어지고, 다시 일어나는 시간들이 짧아질 무렵 함께할 육아 동지를 만나게 되었다. 작가와 함께하는 스터디에서 만난 육아 동지는 필사와 녹음 챌린지를 마친 후에도 인연이 계속되었다. 한 권의 책으로 만나게 된 온라인 친구였지만 추구하는 육아 방향이 비슷해서 마음을 터놓고 이야기할 수 있었다. 매일 같이 하나의 질문에 대한 답을 나누고, 스스로를 칭찬하며, 우리에게 주어진 삶 속에서 감사를 말했다. 함께 1년이 넘게 반복하던 이 작은 습관들은 더 이상 나를 넘어져 있게 가만 놔두지 않았다. 혼자서만 긍정을 외치는 것이 아니라, 같이 긍정을 외칠 수 있는 친구들이 생긴 것이다.

넘어지는 모습도 인정하고, 흔들림 속에서도 다시 일어날 수 있도록 안아주며 함께 성장하자는 의미를 갖고 있는 '함성오뚝스' 엄마들의 모임.

사는 곳도 다르고, 각자 주어진 상황들도 모두가 다르지만 좋은 엄마가 되고 싶어 하는 마음만큼은 같다는 것을 알 수 있었다. 서로가 서로에게 안정적인 피드백을 주고받으며 지내왔던 시간 속에서 좋은 엄마가 되기 위해서는 먼저 행복한 엄마가 되어야 한다는 것도 깨달았다.

또한 네 명의 아이를 키우면서 단단해진 마음도 있지만, 내가 아이를 잘 키우기 위해 노력했던 시간이 결국 나를 빛나게 하고, 사랑하게 했던 시간이란 것을 알 수 있었다.

나를 사랑하지 않고는 아이들을 사랑할 수 없다는 것까지도 말이다.

사랑이 사랑을 낳고, 그 사랑이 또 흘러갈 수 있다는 것을 나는 믿는다. 넘어져도 다시 일어날 수 있게 만드는 힘 역시 사랑에서 나온다.

내가 원하는 대로 자라는 아이들은 아니지만, 아이들을 사랑하는 방법은 내가 선택할 수 있다. 나도 아이도 우리 모두가 행복하게 살아갈 수 있는 방향을 이제야 찾은 것 같다.

사랑받기 위해 태어난 나, 사랑받기 위해 태어난 아이, 우리 모두가 서로를 사랑하며 살아갈 수 있길 간절히 바라며 오늘도 행복한 엄마의 길을 선택한다.

내가 받은
다자녀 혜택

다자녀 가구 기준은?

 원래 다자녀 가구 기준은 "3명 이상의 자녀를 둔 가구"를 의미하였습니다. 그러나 저출산 현상이 심화되면서 그 기준이 "2명 이상의 자녀를 둔 가구"로 완화되는 추세입니다. 지원 정책별로 다자녀 가구 지원 기준이 다를 수 있으니, 혜택 요건들을 확인하시기 바랍니다.

내가 받은 다자녀 혜택 TOP.5

1) 첫 만남은 산후조리 서비스부터 준비

네 아이의 엄마가 되는 동안 한 번도 빠짐없이 받은 정부 혜택이 있다. 그건 바로 산후조리 서비스다. 첫째부터 넷째까지 모두 큰 도움을 받았다.

처음으로 엄마가 되었을 때, 아무것도 몰랐던 나와 친정 엄마는 관리사의 도움이 필요했다.

출산을 할 때 분만 방법에 따라 3~7일로 입원기간이 달랐다. 나는 병원에서 3일째 되던 날 아침에 퇴원을 해야 하는 자연분만 산모였다.

이렇게 빨리 전문가의 품을 떠나도 되나 걱정이었던 나는 엄마와 이야기했다.

"엄마, 아이 씻길 줄 알아? 아이기 너무 자아서 씻길 것도 없을 것 같아."

"그러게, 신생아를 어떻게 씻겼지? 엉덩이 만지는 것도 으스러질까 걱정된다. 어떻게 씻겼지? 너 키울 때도 씻겼을 텐데 생각이 안 난다."

산후조리를 엄마가 해주기로 했기 때문에, 퇴원 후 친정행이었지만 준비된 것은 아무것도 없어 보였다. 머릿속으로 그려지는 상황도 없이 깜깜했다.

이제 곧 닥칠 육아의 순간들은 초보 맘, 초보 할머니가 도저히 감당할 수 없을 것 같았다.

아이를 안기만 하는 것도 불안해하는 나와 엄마였기에 신생아 목욕은 고난이도 문제였다.

매일같이 내 몸은 잘 씻으면서도 내 생애 첫 아이의 목욕은 중요한 과제처럼 와닿았다.

[신생아 목욕영상]을 검색하면 되는 것 아닌가 말하는 이가 있을 수 있지만, 검색하면 다 나오는 정보의 바다 시대가 아니었다. 이제 막 정보가 하나둘씩 쌓이는 시기였기 때문에 검색을 해도 알 수가 없었다.

아이 모유 수유를 위해 내려간 신생아실에서도 어설픔이 느껴졌는지 내게 말했다.

"산모님, 퇴원하면 아이 누가 돌봐주세요?"

"저는 친정 엄마가 봐주시기로 했어요."

"친정 엄마가 해주니 좋겠어요. 엄마는 산후조리 해준 경험 있으시고요?"

"아니요. 처음이에요."

간호사는 놀란 표정을 지으며, 작은 팸플릿 하나를 손에 쥐어 줬다.

"보건소에 얼른 전화해 봐요. 산후조리 서비스 될 거예요. 친정 엄마도 처음이면 힘드실 거예요. 도움 받으면서 하면 되니까 신청하세요."

병실로 돌아오자마자 보건소에 전화를 해서 퇴원과 동시에 친정집으로 관리사님이 오실 수 있는지 물었다.

관리사님은 친정집으로 와서 아이 목욕시키는 것부터 산모 가슴 관리와 모유 수유 지도까지 해주셨다. 엄마랑 나랑 둘이서만 있었다면 어려웠을 일들을 관리사님 덕분에 순조롭게 이뤄졌다.

아이를 안을 때 한 손으로 엉덩이와 허리를 감싸고, 다른 한 손을 펼쳐 목과 머리를 지지해 줘야 한다는 것을 알게 되었고, 트림을 시킬 때는 아이를 가슴과 어깨 사이에 올려놓으며 등을 살며시 쓰다듬어 줘야 하는 섬세한 행동들까지도 배울 수 있었다.

아이를 낳을 때마다 출산 못지않게 중요성이 강조되는 산후조리.

나는 큰 아이들 걱정 없이 내 집에서 산후관리사님이 오시도록 하여 온 가족이 안정된 상태에서 새 가족을 맞이할 수 있는 최상의 조건에서 몸조리를 할 수 있었다.

낮에는 관리사님이 아이를 돌봐주시고, 밤에는 친정 엄마가 돌봐주셔서 충분한 수면과 함께 산후조리도 잘 이뤄졌다.

조리원을 가더라도 몇백만 원의 돈이 필요하고, 무엇보다 다른 아이들 걱정 때문에 조리원에 가는 것이 편하지 않은데…… 산후조리 서비스 혜택이 있으니 임산부에게는 희소식이 아닐 수 없다.

2) 소소한 행복, 무료 자연휴양림

비가 오거나 날씨가 너무 춥거나 더울 때 자주 향하게 되는 곳이 있다. 바로 내가 다자녀 혜택을 많이 누렸던 곳이기도 한 '서천국립생태원'과 '국립해양생물자원관 씨큐리움'이다.

세계 5대 기후를 재현한 국립생태원은 각 기후를 대표하는 동식물이 전시되어 있는 것을 볼 수 있고, 아이와 함께 온종일 놀 수 있는 곳이기도 하다.

"엄마, 펭귄 헤엄치는 거 봐. 펭귄~ 펭귄."

"펭귄이 정말 빠르게 헤엄친다. 저 펭귄은 뒤뚱거리며 걷는 게 꼭 오리 같은데?"

"엄마, 우리 이번엔 오랑우탄 보러 가자."

집에서 30분 거리에 있는 서천국립생태원은 아이에게는 조금 멀리 있는 놀이터와 같다.

다자녀 가정인 우리는 입장료가 50% 할인이 된다는 점에서 여러 번 둘러본다 해도 부담되지 않는 가격에 즐길 수 있는 테마파크로 여겨진다.

할인된 입장료로 온 가족이 함께 즐길 수 있으니 이보다 더 큰 선물은 없을 것 같다.

이렇게 받은 선물은 방학이면 더 크게 와닿는다.

즐거운 방학을 보내기 위해서는 아이들과 함께 여행 갈 곳을 검색해야 한다. 아이들이 좋아하는 곳을 찾아보기도 하고, 내가 함께 가고 싶은 곳을 검색하기도 한다.

방학은 언제 어디든 놀러 갈 수 있는 절호의 찬스다. 이 찬스를 아이들이 절대 놓칠 리는 없다. 사실 우리나라의 자연경관의 아름다움은 자연휴양림만 다녀도 제대로 느낄 수 있다.

가장 아름다운 곳에 세워진 자연휴양림은 지역별로 한 군데씩 다니다 보면 세계여행 부럽지 않은 시간들을 보낼 수 있다.

다자녀라면 국립자연휴양림은 입장료가 면제되고, 숙박 역시 할인율이 적용되어 저렴하게 이용할 수 있다. 여행을 다닐 때마다 입장료 지불하는 것도 적은 금액이 아닌데, 온 가족 국립자연휴양림 입장료 면제로 가볍게 나들이를 다녀올 수 있다.

또한 '다자녀 우선 예약 혜택'을 받을 수가 있는데, 19세 미만 자녀 2인 이상이면 이 혜택을 받는다. 일반 예약자보다 먼저 숙박 시설을 예약할 수가 있어 원하는 날짜에 객실을 확보하는 데 훨씬 유리하다. 객실 이용료의 30%를 할인해 주고, 주차요금도 면제가 되는 자연휴양림 혜택은 누구나 받을 수 있는 게 아닌 오직 다자녀가정을 위한 혜택이다.

가족들과 함께 자연을 볼 수 있는 자연휴양림에서 온 가족이 편안하게 쉴 수 있는데 할인까지 해준다니 아이 많다고 집에만 있을 수 없게 만드는 혜택이다.

전국 방방곡곡에서 누릴 수 있는 자연휴양림 입장료 면제 서비
스는 꼭 챙겨야 할 소식 중 하나다.

3) 가장 현실적인 혜택을 제공하는 우리나라

"띵띠딩띵" 이제 막 세탁물 건조를 마친 건조기에서 소리가 들린다.

뒤이어 들리는 "맛있는 밥을 완성하였습니다." 잠시 숨을 쉬는 순간에도 전자제품 알림 소리가 들린다.

모두가 집으로 돌아온 저녁 7시. 긴 생머리 딸아이는 드라이기로 젖은 머리를 말렸고, 둘째 아들은 컴퓨터에 앉아 게임을 하고 있다. 막내아들은 텔레비전을 보고 있고, 큰아들은 태블릿을 충전하며 인터넷 강의를 수강 중이다. 그사이 청소기 돌아가는 소리도 크게 들렸다.

가족 모두가 1인 1전자제품을 사용 중이다.

가족 수가 많으면 제일 걱정인 건 아무래도 공공요금 사용량이다. 아이들이 클수록 전기 사용량도 많아지고, 음식을 해도 대용량으로 해야 하니 가스 요금도 많이 나올 수밖에 없다.

세탁기도 하루에 한 번은 돌려야 하고, 건조기 역시 세탁기와 호흡을 맞춰 작동하게 된다.

우리 집은 1년 365일 매일 똑같은 방법으로 전기와 가스 사용이 반복되지만 가장 돋보이는 계절은 여름과 겨울이다.

어느 집이나 상관없이 여름엔 적당한 온도로 에어컨을 켜줘야 하고, 겨울이면 보일러를 작동시켜 따뜻한 집으로 만들어야 한다.

올해처럼 오랜 기간 무더위가 계속될 때면 전기 사용량에 대한 걱정이 커진다.

그럼에도 내가 웃을 수 있는 것은 다자녀 공공요금 할인 혜택을 누릴 수 있는 덕분이다.

전기 요금 최대 16,000원 할인과 동절기에는 도시가스 18,000원 할인과 지역마다 다르게 적용되는 수도세 4,800원 할인은 연간으로 계산했을 때 아이들을 위해 치킨 몇 마리는 더 사 줄 수 있는 금액으로 와닿는다.

사실 내가 좋아 아이를 넷이나 낳아놓고, 나라에서 이것저것 계산하며 도와주길 바라는 것은 양심 불량이란 생각도 들지만, 다자녀 가정을 위해 가장 현실적인 혜택을 제공해 주고 있는 우리나라 정책에 감사할 수밖에 없다.

이 정도면 우리나라 아이 낳고 키우기 좋은 나라 아닐까.

4) 방과후 자율 수강권과 우유 바우처

"엄마, 나 방과후 컴퓨터랑 한자 하면 안 돼?"

"난 배드민턴 치고 싶어."

다자녀를 키우면서 가장 걱정할 수밖에 없었던 것은 못 먹고, 못 입히는 것보다 못 가르치면 어떻게 하나였던 것 같다.

교육비가 적게 드는 것도 아니지만 그렇다고 해서 아무것도 안 하고 키울 수는 없으니 말이다.

아이들을 가르치는 것에 대해 부담이 있을까 봐 정부에서는 '방과후 자율 수강권'이라는 명칭으로 아이를 위한 교육 서비스를 제공하고 있었다.

하나의 과목에만 정해져 있는 것이 아니라 아이가 원하는 프로그램이라면 무엇이든 가능하게 되어 있는 '방과후 자율 수강권'은 명칭까지 배려 깊게 되어 있어 아이들은 원하는 것을 학교에서 경험하며 배울 수 있는 기회를 얻게 되었다.

사교육 하나만 시키려 해도 경제적인 부담이 큰데, 아이를 위한 교육 서비스는 더욱 감사하게 느껴진다.

이 밖에도 학교나 지자체에서 제공하는 교육 서비스도 다자녀에게 우선권을 주거나 가산점으로 인해 서비스를 받을 수 있게 되는 경우도 있다.

국공립 유치원은 대기가 있어서 원하는 시기에 입학하는 것도 힘든데, 넷째 아이는 공립 단설 유치원에 합격해서 즐거운 유치원 서비스를 받게 되었다.

이 밖에도 초, 중, 고에 다니는 성장기인 아이들을 위해서 우유 바우처 카드가 제공되었는데, 매달 1인당 15,000원으로 우유, 치즈, 유제품을 구입할 수 있었다.

우리 집은 유치원 막내를 제외한 3명이 초, 중, 고 재학 중인 아이들이어서 총 3장의 카드가 제공되었고, 이 카드로 유제품을 구입하면서 약간의 경제적 도움을 받을 수 있었다.

성장기 아이들에게 필수로 필요한 것들이 제공되면서 우유 소비량도 증가하였고, 그 덕분에 아이들의 성장도 도울 수 있었다.

아프리카 속담 중에 '한 아이를 키우려면 온 마을이 필요하다.' 라는 말이 있다.

아이 하나를 키우기 위해서 구체적이고, 섬세하게 제공되는 서비스를 제공받으며, 내가 정말 대단한 일을 하고 있는 사람 중 하나란 생각도 들었다.

이것은 길거리에서 받아들게 되는 '공짜' 개념이 아니다. 우리 아이가 먹을 우유와 유제품, 지혜를 쌓아갈 교육 서비스까지 제공받을 수 있다는 것은 작지만 크게 와닿는 손길로 기억하며 그만큼 소중한 존재라는 사실도 힘 있게 말해 줄 수 있었다.

다자녀여서 마음껏 누리지 못하는 것도 있겠지만 성장을 돕기 위한 작은 움직임까지도 기억하며 잘 자랄 수 있도록 말이다.

5) 민간 기업으로부터 받은 셋째 출산지원금

"선생님, 셋째 낳으면 기업에서 200만 원 준대요."

"무슨 200만 원씩이나 줘요? 거짓말하는 거죠? 셋째는 돈 준다해도 못 낳아요."

둘째를 낳은 지 겨우 5개월쯤 지난 어느 날, 한창 육아 전쟁 속에서 지쳐가던 중 동료 선생님에게 들은 말이었다.

처음에는 황당했다. 정말 말도 안 되는 이야기라고 생각했다.

"아이 셋을 낳는 것만으로 누가 200만 원이나 주겠어. 설마 그런 일이 진짜 있을까?"

농담처럼 들리기도 했고, 너무 비현실적으로 느껴져 대수롭지 않게 넘겼다.

그런데 그날 이후로 자꾸 마음 한구석이 간질거리기 시작했다.

아이가 내 품에서 해맑게 웃는 모습을 볼 때마다 생각이 꼬리에 꼬리를 물고 이어졌다.

'내가 정말 셋째를 낳는다면, 어떤 삶이 펼쳐질까?'

'정말 그런 혜택이 존재한다면, 나 같은 평범한 엄마도 받을 수 있을까?'

결국 나는 무언가에 이끌리듯 인터넷 검색창에 '셋째 출산 지원'을 입력했다.

반신반의하면서 카페에 가입했고, 출산지원금 신청서를 찾았다.

신청서에는 '셋째를 가지려는 이유'를 묻는 항목에는 이렇게 썼다.

"아가들 웃음이 끊이지 않는 가정이 되고 싶어요. 셋째는 딸을 주세요."

지금 생각해도 참 단순하고 순수한 바람이었다.

그런데 신기하게도, 나는 정말 셋째 딸을 낳게 되었고, 설마 했던 출산지원금도 실제로 받게 되었다.

그 당시 나는 이번 출산이 인생의 마지막이라 여겼기에 무리를 해서 육아휴직을 낸 상태였다.

한 달 월급이 통째로 사라지는 상황 속에서 받은 200만 원의 출산지원금은 우리 가족에게 그야말로 '하늘이 주신 선물'처럼 느껴졌다.

알고 보니 이 사업은 '세자녀출산지원재단' 김영식 이사장님이 2009년부터 시작한 것으로, '셋째 이상 자녀 출산 가정'을 위한 순수 민간의 사회공헌 사업이었다.

모든 신청자에게 지급되는 것은 아니었고, 공개 추첨을 통해 몇 가정을 선정해 지원하는 방식이었다.

하지만 2025년 현재까지도 꾸준히 운영되고 있다는 사실 자체가, 우리 사회가 저출산 문제를 얼마나 심각하게 바라보고 있으며 그 해결을 위해 다양한 방식으로 노력하고 있다는 방증이 아닐까 싶다.

이 경험을 계기로 나는 '다자녀'라는 말이 단지 숫자가 아니라, 한 가정의 용기이자 사회를 향한 희망이라는 걸 깨닫게 되었다.

그리고 그때 처음으로 알게 된 곳이 하나 더 있다. 바로 '대통령 직속 저출산고령사회위원회'였다.

다자녀 부모가 아니었다면 이름조차 생소했을 이 위원회는 우리나라의 인구 변화와 다양한 정책을 빠르고 정확하게 알 수 있는 정부 기관이었다.

한 아이를 더 낳는다는 것이 단순히 가정의 일이 아닌, 국가의 미래와 연결되어 있다는 사실도 그때 처음으로 실감하게 되었다.

아이를 낳고 키우는 일은 여전히 쉽지 않지만, 그 속에 숨겨진 사회적 의미와 보이지 않는 응원들이 있다는 것을, 그리고 나 역시 그런 응원 덕분에 우리 아이들을 안고 웃을 수 있었음을 감사하게 기억한다.

(각 지역별로 이뤄지는 다양한 출산지원 및 혜택이 다르기에 정부지원은 기록하지 않았음을 양해 부탁드립니다.)

2025년 다자녀 혜택 정리

1) 첫 만남 이용권

첫 만남 이용권은 생애 초기 아동 양육에 대한 경제적 부담을 덜기 위한 바우처로, '국민행복카드'로 지급됩니다. 출산 후 1년까지 산후조리원, 대형마트, 백화점, 온라인 쇼핑 등에서 사용할 수 있습니다. 2024년부터는 둘째 자녀 이상인 경우, 기존 200만 원에서 300만 원으로 금액이 상향되었습니다. 첫째는 200만 원, 둘째부터는 300만 원씩 지급되며, 쌍둥이의 경우에도 첫째 200만 원, 둘째 300만 원 총 500만 원이 지급됩니다. 단, 첫 만남 이용권은 아이의 출생일부터 1년 이내에 사용해야 합니다.

2) 임신 · 출산 의료비 지원금

임신과 출산 관련 진료 비용도 증액됩니다. 기존 단태아 100만 원, 다태아 140만 원에서 태아당 100만 원으로 상향되어, 쌍둥이인 경우 60만 원을 추가로 지원받을 수 있게 됩니다.

단, 임신 · 출산진료비 이용권은 출산(예정)일부터 2년 이내에 사용해야 합니다.

3) 산후조리 도우미 서비스

산모 및 배우자 건강보험료 합산액 기준 중위소득 150% 이하인 가정은 정부 지원 산후도우미 서비스를 받을 수 있습니다. 출산 예정일 40일 전부터 출산일 30일 후까지 신청 가능하며 다둥이 가정이라면, 신생아 수와 관리사 비율을 일대일로 해서 최대 4명까지 지원받을 수 있습니다. 태아의 유형, 가정의 소득, 거주지 등 기준에 따라 최대 사용 가능 일수와 지원 금액이 달라지므로 거주자의 보건소 또는 복지로 누리집(www.bokjiro.go.kr)을 통해 확인하여 신청하시길 바랍니다.

4) 아이돌봄서비스

맞벌이 등으로 12세 미만의 아이를 돌볼 사람이 없는 가정에 아이돌보미가 찾아가는 서비스입니다. 12세 미만 자녀가 셋 이상이거나 36개월 이하 자녀가 둘 이상인 경우 우선 제공되며, 월평균소득 중위소득 150% 이하 가구는 본인 부담금 10%도 추가 지원받습니다. 신청은 읍·면·동 주민센터나 복지로 누리집에서 가능합니다.

5) 국민연금 출산 크레딧

2008년 1월 1일 이후 둘째 자녀를 출산한 2자녀 이상인 가구에서 일정 기간 국민연금 가입자나 가입자였던 사람은 최장 50개월까지 국민연금 가입 기간을 추가로 인정받습니다. 자녀가 2명인 경우 12개월, 3명 이상인 경우 30개월, 4명인 경우 48개월, 5명 이상의 경우는 50개월로 국민연금 가입 기간을 추가로 인정받게 되었습니다.

6) 종합소득세 공제 혜택

종합소득이 있는 거주자의 공제 대상 자녀 및 손자녀에 대해 세액공제를 받을 수 있습니다. 자녀 수에 따라 연간 최대 125만 원까지 공제받을 수 있으며, 출산이나 입양 신고한 자녀에 대해서는 추가 공제도 가능합니다. 자녀 1명의 경우 연 15만 원, 자녀 2명은 연 35만 원, 자녀가 3명 이상이면 연 35만 원과 2명을 초과하는 1명당 연 30만 원 합한 금액까지 공제됩니다.

또한 해당 과세기간에 출산하거나 입양한 공제 대상 자녀가 첫째인 경우 연 30만 원, 둘째인 경우 연 50만 원, 셋째 이상인 경우 연 70만 원을 세액 공제 받을 수 있습니다. 연말정산 시 근로소득 원천징수영수증에 해당되는 자녀세액공제항목을 기입하여 제출하면 적용됩니다.

7) 자동차취득세 할인 또는 면제 혜택

18세 미만 자녀를 3명 이상 양육하고 있는 가구는 양육 목적으로 차량을 구입할 경우, 1대에 한해 취득세를 면제받을 수 있습니다. 자동차 종류별로 감면액의 한도는 다르며, 7인 미만 승용자동차는 140만 원까지 취득세를 면제 또는 감면받을 수 있습니다.

단, 양육자 중 1명 이상이 이미 감면받은 자동차를 소유하고 있거나 배우자 외의 사람과 공동등록하는 경우는 감면받을 수 없으니 참고 바랍니다.

8) 국가장학금 지원 혜택

자녀가 3명 이상인 다자녀 가구의 대학생은 장학금 지원을 받을 수 있습니다. 대학생 국가장학금 수혜 대상이 2025년에는 50만 명 늘어날 전망입니다. 2024년까지 소득인정액 1~10구간 중 1~8구간에만 지급했는데 내년에는 1~9구간까지 확대 지원하기 때문입니다. 1~3구간은 연간 최대 570만 원, 4~6구간은 420만 원, 7~8구간은 350만 원, 9구간은 기본적으로 100만 원을 받을 예정입니다. 여기에 다자녀 가구를 위한 혜택이 더해졌는데, 9구간 중 3자녀 이상 다자녀 가구라면 첫째·둘째는 연간 135만 원, 셋째 이상은 200만 원을 지원받을 수 있습니다.

9) K-패스 할인율 확대

대중교통 이용 시 환급 혜택을 제공하는 K-패스를 다자녀 가족이 이용할 경우, 2025년부터 할인율이 확대됩니다. 2자녀인 경우

30%, 3자녀인 경우 50%까지 할인됩니다.

10) 전기차 구매 보조금 확대

전기차를 구입할 때 보조금 혜택이 있습니다. 자녀 수에 따라 최대 300만 원까지 지원받을 수 있습니다. 2자녀 100만 원, 3자녀 200만 원, 4자녀 300만 원 등 자녀 수에 따라 전기차 구매 보조금이 추가되었습니다.

11) 전기 · 가스 요금 할인

자녀가 3명 이상인 가구는 월 전기 요금의 30%를 할인받을 수 있으며, 가스 요금도 동절기와 비동절기에 따라 할인 혜택이 제공됩니다.

지역난방을 하고 있는 지역에서는 월 4,000원인 지원금의 1년분(12개월분)을 한 번에 지급받을 수 있으며 한국지역난방공사에 신청하면 됩니다.

12) 철도운임 할인

KTX 및 SRT 이용 시, 25세 미만 자녀가 2인 이상인 가구는 운임의 30%, 3자녀 가구는 50%를 할인받을 수 있습니다.

13) 공공 문화시설 이용 혜택

국립수목원은 무료로 관람할 수 있으며, 국립자연휴양림도 저렴하게 이용할 수 있습니다. 만 19세 미만 자녀를 2명 이상 둔 가정은 입장료가 면제됩니다. 또한 시설이용요금의 경우 비수기 주중에는 객실 30%, 야영시설 20%, 성수기(매년 7월 15일~8월 24일)와 주말에는 객실과 야영시설 이용료를 각 10%씩 할인받을 수 있습니다.

출처: 대통령직속 저출산고령사회위원회

바쁜 일상 속에서, 잠시 멈춰본 적 있으신가요? 어느 날, 하늘이 유난히 예뻐서 발걸음을 멈추었습니다. 해와 구름이 어우러져 천천히 흘러가는 풍경을 바라보다, 그 안에 조용히 머물고 싶어졌습니다. 마음 깊은 곳이 뭉클해질 때면, 자연스럽게 걷기 시작합니다. 볼을 스치는 바람에도 마음이 설레고, 햇살을 받은 나무 하나에도 가슴이 따뜻해집니다. 있는 그대로의 자연 앞에서 고요히 고개를 들어 하늘을 바라보았습니다. 그 순간, 이 감정과 풍경을 남기고 싶어 조심스레 휴대전화를 꺼냈습니다. 화면 너머의 하늘을 바라보다 문득 생각했습니다.

'참, 감사하다. 이렇게 아름다운 순간을 살아가고 있다는 게, 정말 감사하다.'

아이를 키우는 일도 그와 같습니다. 매일 비슷한 하루의 반복 같지만, 어느 날은 문득 울컥하는 순간이 찾아오고, 어느 날은 아이의 웃음 하나에 눈물이 날 만큼 고마워집니다. 돌아보면, 아이들은 제게 '멈춤'을 선물해 주었습니다. 바쁘게 흘러가던 삶 속에서 잠시 멈추게 하고, 지금 이 순간이 얼마나 소중한지를 알려주었습니다.

'엄마'라는 이름 덕분에 저는 더 많이 사랑할 수 있었고, 더 깊이 배우며, 조금씩 더 따뜻한 사람이 되어가고 있습니다. 그리고 이제야 알겠습니다. 아무 일 없어 보이던 하루가 얼마나 큰 기적이었는지, 아이들과 함께한 시간이 얼마나 깊고 찬란한 감사로 가득했는지를요.

"아이야, 고마워. 너희가 내게 와줘서, 내가 다시 태어나도 주저 없이 '엄마'를 선택하고 싶을 만큼 존재만으로도 내 인생을 빛내줘서 정말 고마워."

그리고 '엄마'가 될 수 있도록 이 세상에 저를 보내주신 우리 엄마, 아빠께도 진심으로 감사합니다.

저는 아이 넷을 품고 살아가는 삶이 결코 쉽지 않았지만, 그 무엇과도 바꿀 수 없는 기쁨으로 네 아이들과 함께 살아가고 있습니다. 누군가의 부모가 되어 살아간다는 것, 그 자체가 얼마나 아름다운 일인지. 저의 진심이 당신의 마음에도 닿기를 바랍니다. 이 글을 끝까지 읽어주신 당신께도 오늘 하루가 따뜻하고 평안하기를, 그 마음 깊이 전합니다. 앞으로도 사랑하는 남편과 함께 행복한 가정을 가꾸며, 진솔한 이야기를 써 내려가는 '엄마 작가'가 되겠습니다.

2025년 5월 8일

다시 태어나도 네 아이의 엄마, 이유정

다시 태어나도
네 아이 엄마

초판인쇄 2025년 5월 25일
초판발행 2025년 5월 25일

지은이 이유정
펴낸이 채종준
펴낸곳 한국학술정보(주)
주 소 경기도 파주시 회동길 230(문발동)
전 화 031-908-3181(대표)
팩 스 031-908-3189
투고문의 ksibook1@kstudy.com
등 록 제일산-115호(2000. 6. 19)

ISBN 979-11-7318-428-4 03370